오른쪽 페이지 위쪽에 시각장애인을 위한 음성인식 바코드가 있습니다. 별도의 음성인식 기기를 이용하면 본문 내용을 소리로 들을 수 있습니다.

TV동화 행복한 세상
10

TV동화 행복한 세상 10

기획·구성 | 박인식 (KBS 한국방송 PD)

샘터

세상이 너무나 빨리 변해 갑니다.
그러나 시간이 흘러도 결코 변함없는
아름다운 가치가 있습니다.

머리로만 익힌 것이 아니라 경험과 마음을 통한 깨달음,
너와 나와 우리가 함께 마주했던 따스한 순간,
어디에서 무엇을 했든 언제라도 돌아갈 수 있는 가족,
기억 속에 고이 새겨진 함께한 나날들……

떠올릴 때마다 살며시 웃음 짓게 만드는,
살아가는 힘이 되어줄 그 작고 소중한 시간과 가치를
바로 지금 선물합니다.

_____님께 더 오랫동안 기억되고픈
저의 마음을 전합니다

차례

1 마음으로 배우면 영원히 남습니다

다시 시작할 수 있는 용기 ·10 사랑의 훈육 ·14
아름다운 공연 ·18 머리빗 팔기 ·22
인생을 망친 장본인 ·26 깨지지 않는 달걀 ·30
딸의 그림책 ·34 세상에서 가장 귀한 것은 사람 ·38
야구공의 비밀 ·42 뒤바뀐 우열반 ·46
가장 훌륭한 재봉사 ·50 뜨거운 악수 ·54
동전 한 닢의 축복 ·58 기분 좋은 날 ·62
보잘것없는 장점이라도 ·66 영원한 선생님 ·70

2 따스한 그 손길을 기억합니다

나는 의사입니다 ·76 다리 짧은 곰돌이 ·80
그분을 존경합니다 ·84 우리 딸은 부부싸움 해결사 ·88
행복을 주는 바이러스 ·92 아버지의 가르침 ·96
목욕탕 데이트 ·100 함께하는 선생님 ·106
사랑을 실은 트럭 ·110 나는 대학졸업반 ·114
내 인생의 대대장님 ·118 한글에서 한국을 배웁니다 ·122
선생님의 처방약 ·126 꼴찌에게도 희망은 있다 ·130
아버지와 피아노 ·134

3 언제든 돌아갈 곳이 있어 행복합니다

속옷에 피어난 사랑 · 140 이가 더 아팠으면 좋겠어요 · 144
엄마의 첫 편지 · 148 불효자의 효도 · 152
시어머니의 깊은 사랑 · 158 어머니의 손톱 · 162
친구의 고백 · 166 나누면 행복해요 · 170 가족의 조건 · 174
하늘로 보내는 선물 · 178 마지막 선물 · 182
엄마의 마지막 옷 · 186 아버지와 밤나무 · 190
어머니의 양말 · 194 농사꾼 아들 · 198
어머니는 여행 중 · 202 잊지 못할 편지 · 206

4 함께한 날들이 소중합니다

아름다운 여덟 손가락 · 212 분수로 나눔을 배워요 · 216
사라진 호박죽 · 220 휠체어 사랑 · 224
목욕탕에서 찾은 희망 · 228 매생이 떡국 · 232
따뜻한 연탄 나르기 · 236 고마워요, 시골 인심 · 240
고마운 젊은이 · 244 이웃집의 비명 · 248
달려라 또순이 아줌마 · 252 비 오던 날의 미소 · 256
요구르트 선물 · 260 배부른 나눔 · 264
가슴으로 낳은 아이들 · 268

《TV동화 행복한 세상》 원작 목록 · 273

"야구공을 자세히 살펴 보렴. 온통 실로 꿰맨 상처가 가득하지.
바로 그 상처 때문에 보통 공보다 더 높고 멀리 날아가는 거란다.
이제 알겠지?"

…마음으로 배우면
　　영원히 남습니다

다시 시작할 수 있는 용기

스물아홉. 적다면 적은 나이, 많다면 많은 나이의 여자. 더군다나 가난한 연극인……. 그 때문에 열패감에 사로잡힌 나약한 존재. 그게 나였습니다. 험난한 줄은 알았지만 몸은 몸대로 마음은 마음대로 힘든 게 연극배우라는 길이었습니다. 그런데다 올해 들어 하는 일마다 풀리지 않아서 괴로웠지요.

"그냥 평범하게 살걸 그랬

나? 아휴……."

이대로 그만둬야 할지, 답답한 마음에 하루하루를 술로 달랬습니다.

"이런 내가 정말 싫다, 흑흑……."

열정을 바친 지난날이 허무하고 하찮게만 보이던 어느 날, 영화감독 한 분을 알게 됐습니다. 일급 시각장애에 신장장애로 일주일에 세 번씩 투석을 받아야 하는 임덕윤 감독님. 불편한 몸으로 영화를 만든다는 게 아무리 생각해도 믿기지 않았습니다. 그러다가 그분 작품에 참여하면서 나는 놀라운 현장을 목격했습니다. 여러 달에 걸쳐 시나리오를 쓰고, 사람 모양의 관절인형으로 콘티를 짜고, 배우들의 연기까지 세세히 지도하던 감독님…….
눈으로 보지 못한다는 한

계를 극복하기 위해 감독님이 가장 공들이는 부분은 사람들과의 대화였습니다. 최고의 영상을 위해 촬영감독과 의논하고 배우들과 토론하는 그 모습은, 영화감독을 떠나 한 인간으로서 위대해 보였습니다.

　모두 하나로 힘을 합쳐 영화를 완성하고, 감독님을 도와 영화제 출품 서류를 준비할 때였습니다. 나는 그때, 또 한 번 강한 자극을 받았습니다. 온통 오자투성이인 영화제 지원서…….

　나한테는 너무나 쉬운 서류 작업이 앞을 못 보는 감독님에게는 아주 어려운 일이었던 것입니다. 그런 감독님도 열심히 사시는데, 나는 문제만 생기면 환경을 탓했습니다.

"힘들다고 포기하지 말고 다시 시작하는 거야!"

임 감독님을 통해 마음의 평정을 찾은 나는 다시 무대 위에 섰습니다. 그리고 얼마 뒤, 기쁜 소식을 전해 들었습니다. 감독님의 작품이 장애인 영화제에서 대상을 받았다는 것이었지요. 마치 내가 당선된 듯 기뻤던 것은 그분의 삶이 내 삶의 표본이기 때문이었습니다. 불편한 몸을 짐이 아닌 열정으로 삼고 늘 최선을 다하시는 임덕윤 감독님······. 세상을 보는 지혜와 눈을 열어준 나의 영원한 스승이십니다.

사랑의 훈육

인도의 민족운동 지도자인 마하트마 간디의 손자 아룬 간디가 아버지를 모시고 집을 나섰을 때의 일입니다.

아버지는 아들이 모는 차를 타고 회의장으로 가던 중이었습니다. 목적지에 다다랐을 무렵, 자동차 엔진에 문제가 생겼습니다.

"정비소에 가야겠구나. 우선 엔진부터 손보고 나를 5시까지 데리러 오려무나."

"네, 아버지."

아룬은 아버지와 약속하고 곧바로 정비소에 갔습니다. 정비사는 차의 이곳저곳을 꼼꼼하게 살폈지요. 하지만 이상한 점을 발견하지 못했습니다. 엔진오일을 가는 것으로 정비가 끝나자 시간이 비었습니다. 아룬은 남은 시간을 어떻게 때울지 고민했지요.

"5시까지 뭘 하지? 아, 그래! 영화 좀 보다가 도중에 나오면 되겠다."

아룬은 근처 영화관으로 차를 몰았습니다. 극장에 들어가기 전까지만 해도 약속시간에 맞춰 나올 생각이었던 아룬은 그만 영화 감상에 푹 빠졌습니다. 그가 극장 문을 나선 시간은 5시를 훨씬 넘은 6시였지요.

"헉, 시간이…… 얼른 가야겠다!"

아버지는 그때까지도 아들을 기다리고 있었습니다.

"왜 이제 오니? 사고가 난 건 아닌가 걱정했단다."

"아, 저 그게……, 정비사가 고장 원인을 찾지 못해서 우왕좌왕하는 바람에 겨우 문제를 찾아서 고치느라고요. 자, 어서 차에 타세요, 아버지."

그러자 아버지는 얼굴빛이 어두워지면서 집까지 걸어갈 테니 아들에게 먼저 들어가라고 했습니다. 아룬은 안 된다며 말렸습니다.

"걸으면서 곰곰이 생각해 봐야 할 게 있어 그런단다. 난 말이

다, 지금까지 널 올바르게 키우려고 노력했는데 오늘 보니 난 아버지로서 자격이 없구나. 네가 거짓말을 하게 가르친 이 나쁜 아버지를 용서하거라. 천천히 걸으면서 훌륭한 아버지가 될 방법을 한번 생각해 보겠다."

정비사와의 통화로 이미 모든 상황을 알고 계셨던 아버지……. 집까지 무려 다섯 시간이 넘는 거리를 아버지는 묵묵히 걸어갔고 아룬의 차가 그 뒤를 따랐습니다. 결국 부자는 자정이 돼서야 집에 도착했지요. 아룬 간디는 그 일에 대한 후일담을 이렇게 고백했습니다.

"그 뒤로 저는 어떤 사람에게도 거짓말을 한 적이 없습니다."

자식의 잘못된 행동을 바로잡기 위해 먼저 모범을 보인 아버지의 훈육……. 그것은 아들을 스스로 뉘우치게 만든, 깨달음으로 가는 바른 길이었습니다.

아름다운 공연

호주 출신의 세계적인 소프라노 조안 서덜랜드가 영국에서 오페라 공연을 열게 됐습니다.

"이야……!"

사람들은 기대감에 한껏 부풀었고, 공연 날을 손꼽아 기다렸습니다. 연습하는 내내 연출자조차 긴장을 풀지 못했습니다. 그만큼 조안은 자존심이 대단한 프리마돈나였고, 그 위상이나 인기

는 하늘을 찌를 듯 높았기 때문이었지요. 그런데 공연을 코앞에 두고 문제가 생겼습니다. 조안의 상대역인 테너 주앙 지빈이 그만 병이 난 것입니다. 공연을 얼마간 미루든지 취소해야 할 형편이었지요.

"흐음, 아무래도 이번 공연은 어렵겠어……."

"저 한 사람 때문에 그럴 순 없습니다. 무대에 서겠습니다."

주앙이 고집하여 오페라는 예정대로 진행됐습니다. 병약한 중에도 주앙은 최선을 다해 연습했습니다.

"음음…… 콜록콜록, 콜록콜록……."

하지만 우려했던 대로 우렁찬 목소리가 나오지 않았습니다. 조안이 돋보일 수 있는 더없이 좋은 기회였지요. 드디어 공연

의 막이 오르고, 열광하는 관객들을 향해서 주앙은 있는 힘을 다해 노래를 불렀습니다. 연출자조차 긴장한 나머지 식은땀을 흘렸습니다.

"으, 역시 너무 약해. 확실히 조안의 목소리가 튀겠는걸?"

많은 청중들이 고대한 조안의 아리아가 시작되고, 순간 공연장에 있던 모든 사람들이 귀를 쫑긋 세워야 했습니다. 조안의 노래가 평소와 달랐기 때문이었지요. 놀랍게도 가장 약한, 피아니시모로 노래를 불렀던 것입니다.

남자배우 주앙의 목소리에 맞춰 목소리를 낮춘 조안 서덜랜드……. 가슴을 진하게 울리는 잔잔하고 맑은 아리아였습니다.

숨 막히게 아름다운 공연이 끝나자, 청중은 일제히 자리에서 일어나 조안에게 열광적인 기립 박수를 보냈습니다. 두 주인공의 목소리는 작았지만 사람들은 그날 밤의 오페라를 세상에서 가장 아름다운 공연으로 기억했습니다. 그 이후 조안 서덜랜드는 영국인이 사랑하는 영원한 스타가 되었지요.

자기를 낮추고 상대를 올려주는 조안 서덜랜드의 아름다운 배려……. 그녀의 겸손한 목소리는 영혼의 노래가 되어 사람들의 가슴에 영원토록 울렸습니다.

마음으로 배우면 영원히 남습니다 • 21

머리빗 팔기

어느 대기업 입사 면접에서 영업부 지원자를 대상으로 다음과 같은 문제가 제출됐습니다. "열흘 안에 스님에게 나무빗을 팔라." 머리카락 한 줌 없는 스님에게 빗을 팔라는 얼

토당토않은 공고에 지원자 대부분이 일찌감치 포기했습니다.

"스님한테 빗을 파느니 딴 직장을 알아보는 게 낫지, 참 나."

하지만 포기하지 않고 도전한 세 사람이 있었습니다. 세 사람의 빗 판매 실적은 각각 한 개, 열 개, 천 개였습니다.

"어떻게 팔았는지 설명해 보세요."

지원자들은 차례로 자신의 비법을 공개했습니다.

"전 머리를 긁적대는 스님에게 빗을 팔았습니다. 가려운 곳을 빗질하면 시원해질 거라고 했거든요."

다음 순서는 빗 열 자루를 판 지원자였습니다.

"저는 신자들이 절하고 나면 머리가 헝클어지는 것에서 생

각을 얻어, 절에 비치해 둘 정돈용 빗을 권했습니다."

확실히 열 개를 판 사람이 한 개를 판 사람보다 접근 방법이 좋았습니다. 마지막으로 빗 천 개를 판 사람이 입을 열었을 때, 그의 얼굴은 확신에 가득 차 있었습니다.

"저에게 열흘이란 시간은 너무 짧았습니다. 앞으로 빗을 더 많이 팔 수 있습니다."

그는 머리를 긁거나 단정히 하는 용도로 빗을 팔지 않았습니다. 그가 빗을 들고 찾아간 곳은 깊은 산골짜기에 있는 큰 절이었습니다. 그곳 주지 스님을 만난 그는 이렇게 말했습니다.

"스님, 이런 큰 절에 찾아오는 많은 신자들에게 뜻깊은 선물을 하시는 것이 어떠신지요?"

손잡이 부분에 스님의 필체로 적선소를 새겨서 선물하면 그것을 얻기 위해 더 많은 신자들이 모일 것이라고 했습니다.

　적선소……. 선을 쌓는 빗이라는 뜻. 스님은 그 자리에서 바로 빗 천 개를 주문했습니다. 빗을 선물받은 신자들은 빗으면 빗을수록 선이 쌓인다는 말에 더 열심히 절을 찾게 됐습니다.

　며칠 뒤, 그는 그 회사 영업부에 입사했습니다. 큰 절에서 빗 만 개를 주문받은 뒤였지요.

　생각의 틀에서 벗어나 긍정적으로 생각하고 능동적으로 대처하면 언제든지 상황은 변할 수 있는 법……. 유연하고 창의적인 생각과 태도가 세상을 보는 지혜의 눈인 것입니다.

인생을 망친 장본인

어느 유명한 음악학교에 촉망받는 피아노 연주자가 있었습니다. 그녀가 피아노에 인생을 바치기로 결심한 건 일곱 살 무렵, 세계적인 피아니스트를 만나면서부터였습니다.

"우와……!"

연주를 듣고 크게 감동한 그녀는 피아노 앞에서 먹고 자고 할 만큼 모든 열정과 애정을 쏟았습니다. 실력을 차근차근 쌓아가던

어느 날 그녀가 바라던 기회가 찾아왔습니다. 그토록 존경하는 그 피아니스트가 제자를 구한다는 소식이었지요. 한달음에 달려가 연주가 앞에 선 그녀는 섬세한 손끝으로 아름다운 선율을 선보였습니다. 피아노와 혼연일체 된, 아주 만족스러운 연주라고 자부했는데 돌아온 반응은 싸늘했습니다.

"당신 연주에서는 별다른 재능이 느껴지지 않는군요. 피아니스트로 성공하긴 글렀어요. 그만 돌아가세요."

생각지도 못한 혹독한 질책에 그녀는 분하고 억울했습니다. 큰 충격으로 눈이 퀭해서 집에 돌아온 그녀는 그 길로 피아노를 접었습니다.

"다신 피아노를 치지 않을 거야, 다시는……."

세월이 흘러 평범한 중년 부인이 됐을 때, 그날의 악몽은 되살아났습니다. 그 유명 피아니스트가 그녀가 사는 마을에서 연주회를 열게 된 것이었지요. 오래전 받은 수모를 떠올리며 그녀는 피아니스트를 찾아가 다짜고짜 따졌습니다.

"당신이 내 인생을 망쳐놨어. 당신만 아니었다면 지금처럼

살지 않았을 거라고……!"

그는 놀랍게도 그녀를 기억했습니다. 그는 억울해하는 그녀를 향해 한 치의 동요도 없이 또박또박 말했습니다.

"당신의 연주는 퍽 인상적이어서 정확히 기억하지요. 실력이 아주 뛰어났는데."

오래전과 전혀 다른 얘기에 그녀는 기가 차서 물었습니다.

"뭐라고요? 맙소사! 그런데 왜 그런 모진 말을 해서 내 꿈을

짓밟은 거죠?"

눈물까지 흘리는 그녀에게 연주자가 대답했습니다.

"난 모든 기대주들에게 똑같은 말을 하지요. 세계적인 연주가가 되기 위해선 남이 뭐라고 하든 자신에 대한 확고한 믿음이 필요하기 때문입니다. 당신이 내 말 한마디에 꿈을 포기했다면, 분명 연주자가 됐어도 그에 따르는 사람들의 비난과 혹평을 견디지 못했을 겁니다. 당신 인생을 망친 건 내가 아니라 나약해 빠진 당신 자신입니다."

자신을 믿고 용기를 내서 스스로를 바로 세울 때, 비로소 인생의 진정한 주인공이 될 수 있지요. 여자가 버린 것은 꿈이 아니라 자신을 향한 믿음이었습니다.

깨지지 않는 달걀

미국 실리콘밸리에서 성공한 창업자이자 컨설턴트인 랜디 코미사가 불탑의 나라, 미얀마를 여행할 때의 일입니다. 황량한 사막을 오토바이를 타고 달리던 그의 앞에 어디선가 갑자기 나타난 스님 한 분이 길을 가로막으며 도움을 청했습니다.

"저를 사원까지 태워다주실 수 있을까요?"

"그러죠. 별로 어려운 일도

아닌걸요. 제 뒤에 타시죠."

그는 스님의 부탁을 흔쾌히 받아들였습니다. 그렇게 해서 함께 오토바이를 타고 두 사람은 사원을 향해 출발했습니다. 오랜 시간을 달려도 끝이 보이지 않는 사막 여행. 사방이 온통 모래와 황무지뿐인 사막의 적막……. 그 허허벌판을 달리던 코미사에게 스님은 지루함을 떨칠 재미있는 수수께끼를 냈습니다.

"달걀을 1미터 위에서 떨어뜨려도 깨지지 않게 하는 방법이 무엇인지 아십니까?"

호기심 많고 문제 풀기를 좋아하는 코미사였지만, 선뜻 명쾌한 답을 내지 못했습니다.

"그게 그러니까……."

아무리 머리를 굴려봐도 알쏭달쏭한 수수께끼. 바닥에 푹신한 물건을 놓

마음으로 배우면 영원히 남습니다 · 31

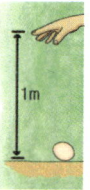

고 떨어뜨리는 방법 외에는 어떤 생각도 나지 않았습니다.

"밑에 푹신한 스펀지를 깔면 달걀이 안 깨지지 않을까요?"

코미사의 자신 없는 대답에 빙그레 미소 짓던 스님이 답을 일러주었습니다.

"답은 간단합니다. 1미터보다 더 높은 곳에서 떨어뜨리는 거지요. 그러면 1미터 아래까지 낙하하는 동안은 달걀이 깨지지 않겠지요."

스님은 사람의 목표를 달걀에 빗대어 말했습니다. 목표를 막다른 종착지로 생각하면 1미터 아래로 떨어진 달걀처럼 깨지고 말 거라고……. 하지만 목표를 하나의 과정으로 여기면 영영

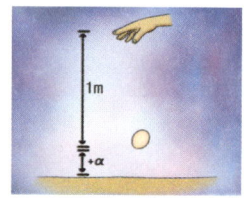

그 꿈은 깨지지 않을 것이고, 언제가는 이룰 수 있을 것이라고 말이지요. 목표에는 마감 시한이 없으니 목표에 한계를 두지 말고 꾸준히 노력하면 값진 인생을 얻을 수 있을 거라고 스님은 충고했던 것입니다.

   그 가르침은, 자신을 사원까지 안전하게 데려다준 코미사의 친절에 대한 스님의 답례였습니다.

딸의 그림책

　　콩알처럼 조그맣던 아기가 세상에 태어나 걸음마를 떼기 시작한 게 엊그제 같은데 어느덧 여섯 살 꼬마 숙녀가 됐습니다. 아이를 아빠 없이 혼자 키우겠다고 결심하고 선택한 삶……. 그렇기에 무럭무럭 잘 자라준 딸에게 고맙고, 또래 아이답지 않은 의젓함이 힘이 되고 있습니다. 하지만 부박한 현실 앞에서 가끔 무너질 때가 있습니다. 아이 키가 자

라는 만큼 손도 많이 가고 돈도 많이 들고, 혼자서 힘겨울 때가 잦아진 것이지요.

"이번 달에도 생활비가 빠듯하네……. 휴…….."

"엄마, 제가 안마해 드릴까요?"

딸은 애어른에 가깝습니다. 한숨을 내쉬기가 무섭게 해바라기 같은 미소와 고사리 같은 손으로 일상의 시름을 토닥토닥 어루만져 주곤 하지요.

"헤헤헤…… 호호호…….."

게다가 친정엄마까지 나서서 늘 걱정해 주시니, 나이 든 노모와 어린 딸을 봐서라도 열심히 살아야지 싶다가도 또다시 힘이 빠질 때가 있습니다. 팍팍한 현실이 숫자로 채워진 가계부를 볼 때이지요. 그러다 보면 짜증의 화살은 가족이라는 과녁을 향해 날아가곤 합니다.

"아름아, 장난감 치워야지. 니가 가지고 놀던 거잖아. 엄마

피곤하니까 얼른 정리해, 응? 그리고 엄마, 자꾸 아프다고 말씀만 마시고 제발 병원 좀 가세요. 제가 신경 못 쓰는 거 뻔히 아시면서……."

마음은 그렇지 않은데 행동이나 말이 자꾸 거칠게 나가는 나 자신을 보는 일이 괴롭던 어느 날, 한글을 깨치기 시작한 딸아이가 나에게 공책 한 권을 선물했습니다.

"엄마, 슬프거나 화날 때 이 책을 보세요."

공책을 들추면서 나도 모르게 터져 나온 부끄러운 탄성…….

"엄마 우슴 하하하 아름이 우슴 헤헤헤 할머니 우슴 호호호 할아버지 우슴 허허허 삼촌 우슴 히히히."

그것은 식구들 얼굴 그림에 웃음소리가 적힌, 멋진 웃음 동화책이었습니다.

"어때요? 엄마 웃음소리랑 똑같죠? 엄마는 웃을 때 하하하 하잖아요."

내 웃음소리를 똑같이 흉내 내는 딸을 나는 품에 꼬옥 안았습니다.

"고마워 아름아……. 엄마도 아름이 웃음소리가 세상에서 제일 좋아……!"

여자 혼자 힘으로 아이를 키우는 게 쉽지만은 않습니다. 외롭고 슬플 때가 더 많은 것이 현실이고요. 그래도 내가 웃을 수 있는 건, 종소리보다 맑은 딸의 웃음소리가 힘들 때마다 한 번씩 내 가슴을 울리기 때문입니다.

세상에서 가장 귀한 것은 사람

나의 유년에는 모든 것이 부족하고 열악했습니다. 궁색한 살림에 줄줄이 딸린 식구들……. 노모를 모시며 5남매를 키우는 아버지를 향한 친척들의 하나같은 걱정은 가난한 가장에 대한 염려와 안타까움이었습니다.

"에효, …… 쯧쯧."

그 시절에는 하루 밥 한 끼도 먹기 힘든 집이 한 집 건너 한 집이었습니다. 우리 집

에도 아침밥을 달라고 찾아오는 걸인이 하나 있었지요. 그는 배꼽시계만큼은 정확해서 아침밥상이 올라오는 시간이면 슬금슬금 마당으로 들어섰습니다. 가마솥에 갓 지은 기름진 쌀밥은, 먹성 좋은 5남매를 먹이고 아버지의 도시락까지 싸고 나면 더도 덜도 없이 딱 알맞았지요. 그때마다, 걸인을 챙기는 분은 할머니셨습니다.

당신이 드실 밥 한 그릇을 절반으로 나눠 뜨끈한 콩나물국에 말면, 그가 먹을 한 끼 식사가 마련되곤 했습니다.

"천천히 먹어요, 체할라."

"냠냠…… 헤헤헤……, 감사합니다."

걸인이 한번 왔다 가면 집 안에 고약한 냄새가 진동했고, 그의 손이 닿은 그릇이며 숟가락은 불결하다는 생각 때문에 만지기조차 싫었습니다.

"윽, 찝찝해라! 할머니는 왜 자꾸 그 거지한테 밥을 주세요?

그러니까 자꾸 오잖아요. 또 그러시면 저 밥 안 먹을 거예요."

내가 철없이 징징거릴 때마다 할머니는 한결같이 말씀하셨습니다.

"세상에서 사람이 가장 귀하단다. 베풀면 복 받는 거야."

낯설고 생소하기만 했던 그 가르침이 가슴에 와 닿은 건 중학교에 다닐 무렵이었습니다. 그해 우리 가족은 서울로 이사했는데, 집안 사정상 나는 당분간 할머니와 시골집에 남게 됐지요.

그해 겨울은 몸서리나게 추웠습니다. 그런데 하필, 여자만 둘 사는 집 안에 도둑이 들어 땔감을 모조리 훔쳐 갔지요.

아버지가 가을 내내 땀 흘려 해놓은 장작을 전부 잃고, 할머

니는 망연자실하셨습니다.

"아이고 큰일이네. 이 추운 겨울을 어찌 날꼬……."

할머니의 시름 깊은 주름이 하루가 다르게 늘어가던 어느 날, 기적 같은 일이 일어났습니다. 매서운 겨울바람이 쌩쌩 부는 마당 한 귀퉁이에 땔감이 수북이 쌓여 있었지요.

할머니에게 매번 밥을 얻어먹던 그 걸인의 보은이었습니다. 우리 집 소식을 듣고, 그는 나무를 구하기 위해 몇날 며칠, 추위도 잊은 채 헐벗은 산속을 헤매고 다녔던 것입니다.

할머니가 가장 어려울 때 가장 따뜻한 정성으로 은혜를 갚은 사람……. 할머니의 말씀처럼 사람이 복이요, 그 복이 사랑이 되어 따스함으로 돌아왔던 것입니다.

야구공의 비밀

미국 애틀랜타의 야구장에 구두닦이 흑인 소년이 있었습니다. 허드렛일을 하면서도 소년은 밝고 명랑했지요.

"안녕하세요, 아저씨. 구두 닦고 가세요. 맑은 날씨처럼 아주 깨끗이 닦아드릴게요!"

"허허, 녀석 씩씩하기도 해라. 그럼 어디 한번 믿고 맡겨 볼까?"

손님을 대할 때도 웃는 얼

굴, 일할 때도 환한 얼굴……. 소년의 얼굴에서는 항상 미소가 떠나지 않았습니다. 그러나 소년에게 아픔이 없는 건 아니었습니다. 풍족한 또래 아이들을 볼 때면 간혹 마음의 상처가 덧나곤 했지요.

"우리 집은 왜 이렇게 가난할까? 도대체 언제쯤 나아질 수 있을지……."

소년은 우울할 때면 하늘을 올려다봤습니다. 하늘 높이 날아오르는 야구공은 소년의 답답한 가슴을 뻥 뚫어주는 좋은 치료약이었지요.

"이야…… 높다! 우와…… 하하하!"

그래서 야구 해설가가 구두를 닦으러 왔을 때, 소년은 궁금해하던 걸 물었습니다.

"아저씨, 야구공은 어떻게 저렇게 시원한 포물선을 그리면서 날아가는 거예요?"

해설가는 그 질문에 이렇게 대답했습니다.

"야구공을 자세히 살펴보렴. 온통 실로 꿰맨 상처가 가득하지. 바로 그 상처 때문에 보통 공보다 더 높고 멀리 날아가는 거란다. 이제 알겠지?"

"네에……, 헤헤헤!"

해설가의 말은 소년에게 마법 같은 희망을 선물했습니다.

 "비록 지금은 구두를 닦지만, 내일을 위해 더 열심히 살아야지! 하하하!"

 불우한 환경을 탓하지 않고 오히려 밝은 미래를 위한 디딤돌로 삼아, 훗날 훌륭한 사람으로 성장한 소년……. 상처 난 야구공이 더 높이 더 멀리 뻗어 나가듯, 상처투성이인 삶은 그가 소

외된 사람들을 더 많이, 더 깊이 이해하는 초석이 된 것입니다.

 이러한 공로를 인정받아 2001년에는 노벨 평화상을 수상한 그가, 바로 제7대 유엔사무총장을 지낸 가나의 코피 아난입니다.

 그에게 불우한 어린 시절은 지우고 싶은 과거가 아니었습니다. 세상을 품을 수 있도록 넓은 가슴을 갖게 한 성장의 매듭이었습니다.

뒤바뀐 우열반

영국의 한 학교에서 일어난 일입니다. 새 학기가 시작되고 얼마 지나지 않아 황당한 사건이 벌어졌습니다. 우수한 아이들로 편성된 학급이 열등반으로, 열등생이 많은 학급은 우수반으로 컴퓨터 입력이 잘못된 것이었습니다. 그로부터 5개월 뒤에야 학사관리가 잘못됐음을 발견한 학교 측은 이 사실을 비밀에

부치기로 했습니다.

"이 사실이 외부에 알려져서는 안 됩니다. 분명 우리 학교에 좋지 못한 영향을 주게 될 겁니다."

이렇게, 학부모나 학생들에게 실수를 알리지 않은 채 학기말 시험이 치러졌습니다. 그런데 놀랍게도 원래 우수했던 아이들은 성적이 떨어지고, 우둔했던 학급의 점수는 크게 향상되었지요. 학교는 곧, 이 믿을 수 없는 결과를 낳은 배경을 밝혀 냈습니다. 원래 우수했던 학급의 아이들이 열등생들로 분류되면서 선생님들의 태도 또한 열의가 사라졌습니다.

"이 문제는 어차피 너희들이 풀기 힘들 테니까, 쉬운 문제 위주로 풀어보자."

학과 점수가 떨어질 때

마다 기를 꺾는 말도 서슴없이 내뱉었습니다.

"그럼 그렇지……. 너희들이 잘할 리 없지."

열등반의 아이들은 그 반대의 대우를 받았습니다. 선생님들은 그 반 학생들이 대단히 우수하다고 여기고 열성을 다해 가르쳤던 것입니다.

"너희들이라면 이 정도 문제는 쉽게 풀 수 있을 거다. 어디 풀어볼 사람?"

아이들에게 긍정적인 기대감을 드러내는 칭찬도 아끼지 않았습니다.

"답이 틀리긴 했지만 아주 잘해 줬어. 선생님은 네가 앞으론

더 잘할 거라고 믿는단다."

그렇게 아이들의 머리가 아니라, 선생님들의 사랑과 관심에 따라 성적에 편차를 보였던 것입니다.

인간이 가지고 태어나는 능력에는 크게 차이가 없는 법……. 다만, 어른들의 따뜻한 말 한마디와 긍정적인 태도가 아이들의 재능을 피고 지게 할 수 있고, 인생까지 바꿀 수 있지요.

건강하고 씩씩한 꿈나무는 자부심과 긍지를 키워주는 어른들의 관심과 기대 속에서 알찬 열매를 맺는 것입니다.

가장 훌륭한 재봉사

런던 최고의 패션가인 옥스퍼드 스트리트에는 뛰어난 손재주를 지닌 재봉사가 세 사람 있었습니다. 이들 셋은 같은 곳에서 재봉 공부를 한 친구들이었습니다. 그런데 서로 너무 가까운 곳에 의상실을 열었다는 것이 문제였습니다. 경쟁에서 이기려면 무엇보다 간판이 중요했지요.

"음…… 뭐라고 써야 손님들이 몰려들려나?"

가장 먼저 가게를 차린 재봉사는 이런 내용을 내걸었습니다.

"런던에서 가장 훌륭한 재봉사!"

두 번째 재봉사를 고민하게 만드는 간판이었습니다.

"저 문구를 뛰어넘는 걸 찾아야 하는데……. 아하!"

며칠 뒤 두 번째 재봉사가 간판을 걸며 만족스러운 표정을 지었습니다.

"영국에서 가장 훌륭한 재봉사!"

그 효과는 대단했습니다. 옷을 맡기려는 사람들로 두 가게는 손님이 끊이지 않았던 것입니다. 그 때문에 조급해진 사람은 남은 또 한 명의 재봉사였지요. 런던에서 가장 훌륭한 재봉사

와 영국에서 가장 훌륭한 재봉사……. 그만한 실력을 갖춘 두 사람을 뛰어넘는 멋진 간판이 필요했지만 좋은 생각이 떠오르지 않았습니다.

"세상에서 가장 훌륭한 재봉사라고 할까? 아니야, 그런 과장된 표현에는 거부감이 들 거야. 아, 그럼 뭘로 한담……."

고민을 해결해 준 건 마침 학교에서 돌아온 아들이었습니다.

"아버지, 저한테 좋은 생각이 있어요!"

어린 아들은 머리를 번뜩이게 하는 기발한 생각을 말했습니다. 이튿날 그는 간판을 걸었고, 몰려드는 손님들로 발 디딜 틈이 없었습니다.

"여기가 그렇게 유명하다면서요?"

"이 동네에선 여기가 최고래요."

세 번째 재봉사의 간판은 다른 두 재봉사도 고개가 절로 돌아가게 만드는 최고의 간판이었습니다.

"이 거리에서 가장 훌륭한 재봉사."

세 번째 재봉사는 영국이나 런던보다 훨씬 좁은 영역인 마을의 거리를 선택했습니다. 사람들은 그것만으로도 그를 뛰어난 재봉사로 인정했습니다. 자신들이 몸담은 마을에서 가장 훌륭하다면, 바로 믿고 맡길 수 있다는 신뢰가 바탕이 된 것입니다.

마음으로 배우면 영원히 남습니다

뜨거운 악수

베트남 전쟁이 치열하게 벌어지던 무렵, 한 한국인 병사가 베트콩의 포로가 되었습니다. 무려 일 년째 독방에서의 끔찍하게 쓸쓸한 삶……. 그는 다른 사람과의 접촉이 일절 단절된 그곳에 철저히 감금됐습니다. 하루에도 몇 번씩 고독과 싸워야 했고 그리움에 흐느껴야 했습니다. 할 수 있는 일이라곤 시

커먼 벽을 붙들고 가족을 생각하며 그리워하는 것이었습니다.

"여보, 잘 지내? 애들도 건강하지? …… 많이 보고 싶다."

즐거운 기억을 떠올리며 견뎌낸 암울한 시간들…….

"몇 해 전 여름이 생각난다. 아들이랑 물고기도 잡고 정말 신이 났었지, 하하하……. 그날 먹은 수박 맛은 아마 평생 못 잊을 거야. 정말 꿀맛이었는데……."

"당신이 떠준 털옷은 정말 따뜻했는데……. 허허……."

벽하고 대화하고, 추억을 더듬고……. 그래도 약효가 없으면 자괴감에 빠져들었습니다.

"평생 감옥살이만 하다가 이대로 늙어 죽겠지?"

아무리 행복한 상상을 하며 버티려 해도, 어둡고 축축한 감방 안에서의 삶은 날이 갈수록 비참해질 뿐이었습니다. 차라리 잡념을 떨칠 수 있게 몸을 바쁘게 놀려보자 싶었습니다.

다음 날 아침, 그는 비질을 하기 시작했지요. 그렇게 방 안의

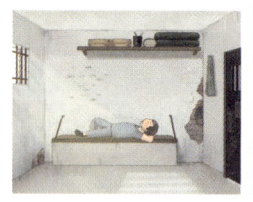  

먼지를 쓸어내다 보면 근심도 사라질지 모를 터. 한데 모아놓은 먼지는 문틈으로 내보냈습니다. 그랬더니 신기하게도, 수북한 먼지가 다시 방 안으로 밀려들어왔습니다. 고개를 갸웃거리며 문밖을 내다본 남자는 베트남 사람인 모범수와 눈이 마주쳤지요.

"어어? 아하……."

감옥의 바닥 청소를 맡고 있는 모범수가 한국 병사의 외로움을 알고 그의 행동에 반응을 보였던 것입니다.

얼마 뒤에는 옆방과 연결된 작은 틈으로 작고 여윈 손이 불쑥 들어왔습니다. 옆방 죄수가 내민 손이었습니다. 잠시 멈칫했던

한국인 병사는 이내 옆방 사람의 손을 꼭 잡았습니다. 아주 짧은 순간이었지만 오랜만에 느껴보는 사람의 체온……. 그 따스함이 그의 독방 생활 2년을 지켜주었습니다.

그 뒤로 다른 방에서도 손과 손의 만남이 이루어졌습니다. 미래가 불투명한 포로들에게 삶의 의미를 심어준 손끝의 교감……. 그리하여, 그 수용소 포로들은 다른 수용소보다 훨씬 더 생존율이 높았습니다.

마음으로 배우면 영원히 남습니다

동전 한 닢의 축복

가난한 집에서 태어난 한 소년이 있었습니다. 또래 친구들이 부모에게 멋진 장난감을 사달라고 조르고 좋은 옷을 사달라고 떼쓸 때, 소년은 당장 주린 배를 채울 밥 한 끼와

시린 발을 감쌀 신발 한 켤레가 더욱 절실했습니다.

그러다가 열두 살에 맞은 크리스마스……. 주변 친구들은 부모로부터 원하는 선물을 받고 좋아했습니다. 하지만 그해에도 소년은 아무것도 받지 못했습니다. 크게 상심한 소년은 얼굴이 먹빛이 되어 집에 왔습니다.

"아버지한테 말할까, 말하지 말까?"

소년은 우물쭈물 망설이다가 어렵게 용기를 내어 아버지에게 속마음을 드러냈습니다.

"아버지, 올해는 저도 크리스마스 선물을 꼭 받고 싶어요."

아버지는 아들을 물끄러미 바라보더니 호주머니에서 동전 하나를 꺼냈습니다. 그리고 아들의 손에 동전을 쥐여 주며 단단히 일렀습니다.

"이게 아빠 선물이란다. 난 네가 이 돈으로 다른 친구들과는 다른 물건을 샀으면 한다."

때마침 신문 배달원이 집 앞을 지나던 참이었습니다.

"그 돈으로 신문을 사 보는 건 어떨까? 네가 좋아하는 얘기가 신문에 나올지도 모르잖니?"

소년은 아버지 말에 따라 동전으로 신문을 샀습니다. 그날 신문에는 어느 코미디언의 일생을 소개하는 글이 실려 있었습니다. 소년은 그 글을 읽고 흥분을 감추지 못했습니다.

"나도 코미디언이 돼서 사람들에게 웃음을 선물할 수 있다면 참 좋겠다, 하하하……."

그렇게 꿈을 찾은 소년은 코미디를 갈고닦았고, 훗날 미국에서 가장 유명한 코미디언으로 이름을 떨쳤습니다. 그가 바로

미국 최고의 코미디언 데이비드 브래너였습니다.

그가 회고하는 열두 살의 크리스마스는 특별합니다.

"그때, 저는 아버지가 선물 살 돈이 아까워 그러신 줄 알았습니다. 하지만 이제야 알았지요. 친구들이 장난감 선물을 받을 때 나는 아버지에게서 아름다운 꿈을 선물받았던 것입니다."

아버지가 그에게 선물한 것은 인생에서 필요한 지혜요, 희망이었던 것입니다.

기분 좋은 날

막내의 초등학교 입학을 앞두고 예비 소집에 다녀오는 길이었습니다. 횡단보도를 불과 몇 걸음 앞두고 교통신호가 바뀌었습니다.

"어? 파란불이다! 진호야, 어서 뛰어!"

빨간불이 되기 전 건너야 하기에 나는 아들의 손을 잡고 힘껏 뛰었습니다. 쿵 하는 소리가 들려온 건

그때였습니다.

횡단보도 한가운데 넘어진 어느 할아버지의 자전거……. 그 바람에 자전거에 실려 있던 폐지가 사방으로 흩어졌습니다.

"어? 어머, 저걸 어째……?"

금방이라도 신호등이 바뀔 듯 깜박대는 찰나의 순간, 별별 생각이 다 들었습니다. 제때 자리를 피하지 못하면 그 앞에 선 차들이 할아버지를 향해 경적을 울려댈 테고, 할아버지 혼자 치우기엔 폐지 양이 너무 많고……. 보고도 못 본 척하려니 아들 앞에서 부끄럽고, 그렇다고 앞장서서 돕다가는 덩달아 나까지 도로 한가운데서 따가운 시선을 받을 테고…….

갈피를 못 잡던 그때, 아들이 내 손을 뿌리치고 할아버지에게로 달려갔습니다. 그러더니 여기저기 널브러진 폐지를 인도로 옮기기 시작했지요. 제 키보다 큰 상자를 옮기느라 끙끙대는 아들을 보는데, 정신이 번쩍 들었습니다.

"그래, 내가 이럴 때가 아니지……."

곤경에 처한 할아버지를 보고 여덟 살짜리 아들도 솔선수범하는데, 모범이 돼야 할 어른이고 엄마이면서 모른 척한다는 게 부끄러웠습니다.

아들의 행동이 시발점이 되어 여기저기서 도움의 손길이 몰

려들었습니다. 이 아름다운 모습 앞에서 자가용 운전사들도 한 박자 쉬어가는 여유를 보였습니다. 빨간불이 됐는데도 일이 정리될 때까지 조용히 기다렸던 거지요.

건조하고 무료한 일상을 따뜻하게 적시는 풍경…….

자전거 위에 차곡차곡 폐품 쌓는 일까지 도와준 사람들에게 할아버지는 몇 번이고 인사를 하셨습니다.

그 자리에 있던 모두에게 특별했던 경험……. 화창한 날씨만큼이나 기분 좋은 하루였습니다.

보잘것없는 장점이라도

가난한 청년이 일자리를 구하기 위해 아버지의 오랜 친구를 만났습니다. 청년에게 어떤 식으로든 도움이 되고 싶었던 아버지의 친구는 이것저것 꼬치꼬치 물었습니다.

"자네는 잘하는 게 뭔가? 수학을 잘하나?"

청년은 자신 없는 얼굴로 고개를 내저었습니다. 그러자 또 다른 질문이 이

어졌습니다.

"그럼 역사나 지리는 어떤가?"

어떤 물음에도 청년의 대답은 하나였습니다.

"그렇다면 회계는?"

'아니오'를 말할 때마다 청년은 점점 더 주눅이 들었습니다.

"저는 특별히 잘하는 게 없습니다."

친구의 아들을 그냥 돌려보내기가 미안했던 아버지의 친구는 종이 한 장을 내밀었습니다.

"어쩔 수 없군……. 이 종이에 연락처를 적고 가게나. 그럼 내가 자네에게 맞는 일자리를 찾아보지."

한없이 모자란 자신을 부끄러워하며 청년은 종이에 연락처를 남겼습니다. 그리고 황급히 사무실을 나서려는 순간, 아버지의 친구가 그를 불렀습니다.

"여보게, 잠깐만."

안절부절못하는 청년에게 아버지의 친구는 말했습니다.

"자넨 글씨를 참 잘 쓰는군……. 이게 자네의 장점이었어! 이 장점을 잘 살려서 멋진 일을 해보게나."

생각지도 못한 칭찬에 청년은 힘을 얻었습니다.

'이야…… 내가 글씨를 잘 쓴단 말이지. 멋진 글씨로 좋은 글을 쓰면 더 근사할 거야. 하하하!'

한껏 기분이 들떠, 청년은 글을 쓰기 시작했습니다. 그리고 훗날 마침내 훌륭한 소설가로 세상에 널리 이름을 떨쳤습니다. 그 청년이 바로, 《삼총사》와 《몽테크리스토 백작》이라는 최고의 역작을 남긴 프랑스의 작가 알렉상드르 뒤마였습니다.

 만약 자신의 글씨를 하찮게 여겼다면, 그는 세계적인 작가가 되지 못했을 것입니다. 그가 보잘것없는 자신의 장점을 저버리지 않았기에, 수많은 사람들은 작가 뒤마의 뛰어난 작품을 만날 수 있었던 것입니다.

영원한 선생님

꿈에서도 그리운 내 고향 두메산골, 그만큼이나 그리운 사람……. 초등학교 5학년 때 담임선생님입니다.

가족을 도시에 두고 혼자 시골 학교로 전근 오신 선생님은 풍채 좋고, 덥수룩하게 수염을 기르고 늘 고무신만 신는 분이었습니다. 외모에서 풍기는 단단함 탓에 근처에는 얼씬도

못하던 아이들에게 먼저 손을 내민 건 선생님이었습니다.

"얘들아, 선생님이 맛있는 간식 만들어주랴?"

수업 뒤에 집안일을 거들러 논으로 밭으로 가야 했던 시절. 우리의 허기진 배를 채운 건 선생님이 손수 만드신 간식이었습니다.

"음냐음냐…… 선생님예, 꽈배기가 달달한 게 맛있습니더. 헤헤헤……."

"그래, 많이들 먹어라. 얼마든지 또 해줄 테니까."

할머니와 단둘이 사는 제자에게는 자녀가 입던 옷을 물려주고, 책 한 권이 아쉬운 시골 학교에 동화책을 기증하고……. 그렇게 아름다운 유년 시절을 보냈지만, 슬픈 청춘이 나를 기다리고 있었습니다. 스무 살 중반 무렵, 교통사고를 당해 나는 다리를 절게 됐습니다. 그때 나를 바라봐 준 한 여인은 재활병원의 간호사였습니다.

두렵고 미안했지만 나는 천사 같은 그녀의 손을 잡고 결혼식장으로 들어갔습니다. 그리고 식장에서 소개받은 주례 선생님 앞에 섰을 때…… 나는 돌처럼 굳어버렸습니다. 그토록 보고 싶었던 선생님이 내 앞에 서 계셨기 때문이었습니다. 이런 기막힌 인연이 또 있을까 싶게, 선생님의 주례는 눈물 젖게 뜨거웠습니다. 예식을 마친 뒤, 내 어깨를 토닥여 주시는 선생님께 나는 큰절을 올렸습니다.

"선생님, 정말 고맙습니다."

감격스러운 기분은 거기서 끝나지 않았습니다. 선생님이 건넨 격려 편지 그리고 주례비에서 축의금으로 변한 봉투 속 십

만원…….

"사랑하는 제자 명용아, 아까 보니 다리가 불편한 것 같던데 그래도 밝은 너와 심성 고운 신부를 보니 마음이 흐뭇하구나. 진심으로 행복하길 바란다."

20년 만에 우연히 만난 제자의 결혼식에서 희망의 주례사를 선물하신 선생님…….

그저 막막하기만 했던 새로운 출발선에서 만난 영원한 스승님의 응원……. 나를 웃게 하는 희망찬 내일이었습니다.

누군가 미리 와서 사람 냄새를 채워놓고 간 도서관…….
가난한 집안의 가장으로 힘겨워하던 내게 힘을 실어준 그분.
지난밤, 내 어깨에 말없이 손을 올려주신 고마운 대대장님이었습니다.

…따스한 그 손길을
　　　　기억합니다

나는 의사입니다

"정성을 다하겠습니다!"

따뜻한 인사로 사람들을 맞이하는 광주의 어느 보건소. 푸근한 인상으로 웃음을 전하는 사람은 보건소 소장, 김세현 씨입니다. 마을 명의로 통하는 그는 뇌성마비 3급 장애인. 자기 몸도 불편한데 어떻게 아픈 사람을 돌보냐며 언뜻 고개를 갸우뚱할

 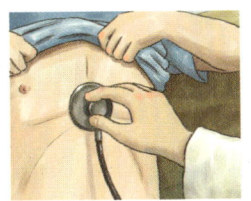 

테지만, 그의 진가를 알면 절로 고개를 끄덕이게 됩니다.

그가 의과대학에 입학한 건 1970년대 초였습니다. 분명 의사가 귀하던 시절인데도, 불편한 몸 때문에 그는 십 년 만에 졸업장을 받았고, 어디서든 환대받지 못했습니다.

"몸이 그래서 환자를 볼 수 있을지……."

그가 싸워야 할 대상은 환자의 병이 아니라 장애를 바라보는 세상의 편견이었습니다. 일 년 넘게 방황하던 그에게 새길을 열어준 사람은 대학 은사님이었습니다.

"자네 보건소에서 일해 보는 게 어떻겠나?"

첫 시작은 보건소 의사지만, 그는 꿈꾸던 미래가 있었습니다. 몇 년 뒤 개인 병원을 열 생각이었지요. 그러던 어느 날, 보건소에서는 치

  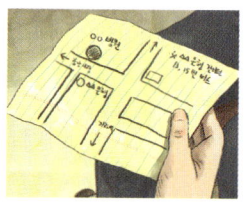

료가 힘든 병을 앓는 할머니를 알게 됐습니다. 친할머니처럼 느껴지는 마음에 그는 시설 좋은 큰 병원을 소개했습니다. 하지만 할머니는 그곳에서 문전박대를 당했고, 서러움에 복받쳐 그를 다시 찾아오셨습니다.

"간호사가 약봉지를 던지면서 다시는 오지 말라고……. 흑흑, 늙은이가 폐만 끼치네요……."

형편이 어려운 사람들을 대놓고 꺼려 하는 병원의 안타까운 현실. 할머니의 상처받은 눈물은 그의 삶을 바꿔놓았습니다.

그는 개인 병원의 꿈을 접고 전문의 자격증에 도전했고, 해박한 지식으로 약에 의지하지 않는 건강법을 소개했습니다.

"선생님 덕분에 몸이 가뿐해졌어요. 정말 감사합니다."

성심을 다해 진심으로 다가서면서 몸의 병뿐만 아니라 마음의 상처까지 어루만지는 김세현 소장.

그는 의사입니다. 그리고 그에겐 장애가 있습니다. 하지만 그의 몸이 말해 줍니다. 아픈 몸도 병든 몸도 마음이 튼튼하면 깨끗이 나을 수 있다는 것을요.

다리 짧은 곰돌이

　　달콤한 빵 굽는 냄새가 솔솔 풍기는 동네 제과점은 나의 직장이요, 가게입니다. 이른 새벽마다 빵과 과자를 만든 지 어언 20년……. 여느 날처럼 바삭한 비스킷을 구우려고

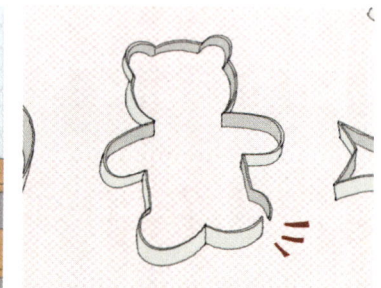

준비하던 때였습니다. 동물농장을 떠올리게 하는 과자 틀 중 곰돌이 틀의 다리 한쪽이 이상했습니다.

"어, 다리 모양이 틀어져서 틈이 생겼네?"

망가진 틀로 찍은 곰돌이 과자는 다리 한쪽이 짧았습니다. 곰돌이는 아이들이 가장 좋아하는 비스킷 모양인데…….

"일단은 만들어서 내놔야겠다."

우선 급한 대로 다리 짧은 곰돌이 비스킷을 한동안 진열대에 올려 놨습니다. 하지만 자꾸 신경이 쓰여 곧바로 새로운 틀을 장만했는데……. 어느 저녁 무렵, 진열대 앞에서 주춤주춤 망설이는 한 꼬마 손님과 마주하게 되었습니다.

"아저씨…… 혹시 이 곰돌이 말고 다른 곰돌이 과자는 없나요?"

"우리 집에서 파는 곰돌

이 과자는 이거 하나인데요, 어쩌나?"

 다른 것은 없다는 대답에 시무룩하게 돌아간 아이. 며칠 뒤 다시 왔을 때도 뭔가를 찾는 눈치였습니다. 결국 크림빵 하나만 사 들고 터벅터벅 가게 문을 나서던 아이……. 그때 내 시선을 붙든 것은 잘록대며 걷는 아이의 불편한 다리였습니다.

 아이가 그토록 찾던 곰돌이 비스킷은 얼마 전까지 만들었던, 그 다리 짧은 곰돌이였던 것입니다. 자기와 닮은 그 곰돌이에게서 동병상련의 애틋함을 느꼈을 아이…….

 "어디다 뒀더라? 분명 여기 뒀는데……."

 그렇게 해서 다시 세상에 나온 다리 짧은 곰돌이……. 몇 배

 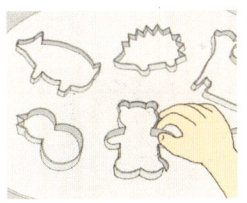 

로 정성 들여 구운, 단 한 사람만을 위한 곰돌이 비스킷.

비록 한쪽 다리는 짧지만, 곰돌이와의 풋풋한 우정이 아이와 세상을 이어주는 희망의 다리가 되리라 바라봅니다.

그분을 존경합니다

치열한 경쟁을 뚫고 들어간 회사에서 나는 하루에도 몇 번씩 사직서를 꺼내 들게 하는 한 사람을 만났습니다.

"자넨 일을 왜 이리 엉성하게 하나? 처음부터 다시 해오게."

그는 일 처리 하나는 칼같이 깔끔한, 내 직속상관인 과장님입니다. 실력도 능력도 최고 중의 최고. 하지만 그 엄격함을

잣대로 후배를 달달 볶는 무서운 상사이기도 했지요.

하루하루가 살얼음판 같던 어느 날, 끝내 일이 터지고 말았습니다.

"네? 뭐라고요? 으아악……."

하청공장에 의뢰하는 과정에서 내 실수로, 제품 개수가 천 개에서 만 개로 잘못 전달된 것이었습니다.

"저희는 분명 천 개를 주문했는데……."

이미 3천 개가 제작된 뒤라 어찌 해볼 수도 없는 상황……. 당당히 책임지고 싶어도 십 년 치 월급으로도 어림없는 액수에 나는 무단퇴사를 했고, 그대로 집에 숨어버렸습니다.

그런데 며칠 뒤, 과장님이 나를 찾아왔습니다. 이젠 죽었구나 하며 따라간 찜질방에서 과장님은 잘잘못은 덮어두고, 내게 기회를 주었습니다.

"오늘부터 나와 함께 신제품을 팔러 다니세."

그렇게 과장님과 새로운 판매처를 찾아 싸구려 여관을 전전하기를 사흘, 마침내 제품을 사주겠다는 새로운 판매처가 나타났습니다. 일 년 넘게 발품을 팔아도 나라면 해내지 못할 일을 고작 며칠 만에 너끈히 해결하신 과장님…….

홀가분한 마음으로 다시 회사에 출근했을 때, 과장님의 진가는 단지 뛰어난 능력만이 아니라는 것을 알게 됐습니다.

부하직원이 저지른 문제이니 자신이 책임을 지는 게 당연하다며 사표를 내고 나와 함께 영업을 다녔던 과장님……. 죄송하다는 말밖에 드리지 못하는 내게 그는 말했습니다.

"해결할 수 있다고 판단했기 때문에 사표를 낼 수 있었던걸

세. 정 고맙거든 나중에 후임이 실수했을 때, 자네도 회사를 그만둘 각오로 그 일을 해결하면 되네."

후배의 실수를 용서해 주고, 만회할 수 있는 기회를 주고, 삶에 필요한 지혜를 가르쳐주신 과장님…….

그는 진정한 인생 선배였습니다.

우리 딸은 부부싸움 해결사

어느 저녁나절, 화장실에 갔다가 끝내 아내에 대한 불만이 폭발했습니다.

"제발 슬리퍼 좀 세워두라니까!"

욕실에서 사용하는 플라스틱 슬리퍼. 몸에 수시로 물이 닿는 욕실에서 절대 없어서는 안 될 생활필수품. 얼마 전 아내는

헌 슬리퍼를 버리고 새 슬리퍼를 장만했습니다. 그런데 그것이 부부싸움의 발단이 됐던 것이죠. 앞이 확 트인 새 슬리퍼는 그 사이로 발가락이 비죽이 나와 세수할 때마다 골치였습니다.

"에이, 또 튀었네……."

조금만 방심해도 발가락에 물이 튀는 성가신 일이 반복되자, 나는 아내에게 불평을 늘어놨지요. 곧바로 불만을 접수한 아내는 이번엔 앞이 꽉 막힌 슬리퍼를 사왔습니다.

"이제 젖을 일 없겠지? 하하하!"

그로써 더 이상 성낼 일이 없다고 생각했는데, 기분 좋게 슬리퍼를 신을 때마다 절로 비명을 지르게 하는 공포…….

"으악! 차가워……!"

마치 약이라도 올리듯, 번번이 슬리퍼 안에서 출렁대는 물에 찝찝하게 젖은 발은 내 인내심을 시험했습니다.

"으으……, 슬리퍼 신고 나서 세워놓으라고 몇 번을 말했어! 안에 물이 꽉 들어차서 얼마나 고역인 줄 알아?"

"그깟 일로 무슨 화까지 내고 그래? 남자가 속 좁게시리!"

사소한 언쟁은 결국 부부싸움으로 번졌고, 애들처럼 티격태격하는 엄마 아빠를 보다 못한 딸이 중재에 나섰습니다.

"엄마, 아빠, 싸우지 마세요. 슬리퍼 바닥에 구멍을 뚫으면 되잖아요. 헤헤……."

　열 살짜리 딸이 내놓은 기막힌 묘책. 할 말을 잃은 우리 부부는 그 자리에서 돌처럼 굳어버렸습니다.

　다음 날 아침, 딸이 일러준 대로 공작용 송곳을 이용해 슬리퍼 바닥에 송송 구멍을 뚫었습니다.

　"이야, 이렇게 하니까 정말 물이 안 고이네!"

　"그렇다니까요. 그러니까 앞으론 사소한 일로 싸우지 마세요. 헤헤……."

　집안엔 다시 평화가 찾아왔습니다. 문제에 부딪히면 무턱대고 화부터 냈던 내게 어린 딸이 가르쳐준 지혜는, 생각하는 여유였습니다.

행복을 주는 바이러스

신종플루가 한창 유행할 무렵, 초등학생 딸에게 걱정이 생겼습니다.

"휴…… 엄마, 우리 반 애들이 저보고 바이러스래요."

얼마나 억울했으면, 딸은 바이러스라고 놀린 친구들 이름까지 적어서 보여 줬습니다.

"걱정 마. 넌 예방접종 했으니까 감염될 일 없을 거야."

단순히 아이들 장난으로 넘기

기엔 딸이 받는 상처가 너무 가혹했습니다.

"으아앙, 엄마……. 엄마, 저 전학 갈래요. 친구들이 제 물건도 만지기 싫대요."

나는 학부형으로는 선배인 친구에게 도움을 청했습니다.

"어떻게 해야 할지 도무지 모르겠어……."

"음…… 여자애일수록 옷에 더 신경 써야 해. 그런데 솔이는 어때? 만날 얻어 입히기만 하고……. 아이들 눈엔 겉모습도 중요하거든."

친구의 말대로라면 딸의 위기는 전부 엄마인 내 탓……. 새

학기가 돼도 공책 한 권 사주지 않고 작년에 쓰던 것을 모아서 쓰게 하고, 쑥쑥 크는 아이에게 새 옷은 낭비라며 매번 사촌들 옷을 물려 입히고, 헌 옷에 헌 학용품으로 도배한 딸의 모습이 또래 아이들 눈에는 깔끔해 보이지 않았던 거지요.

 그런데 때마침 신종플루의 확산으로 온 나라가 '청결'을 부르짖으면서, 평소 단정과는 거리가 멀어 보이는 딸에게 바이러스라는 별명이 붙은 것입니다. 이러니저러니해도 딸이 받는 고통은 결국, 절약만을 이유로 헌 옷만 입힌 제 탓이었던 거지요.

 그렇다고 새 외투를 사주려니 값이 만만치 않고, 나는 고민 끝에 헌 옷을 새 옷처럼 개조하기로 했습니다. 깜찍한 그림도

그리고 예쁜 구슬도 달고……. 딸은 새 외투가 썩 마음에 들었나 봅니다. 그 기분을 일기장에 그대로 옮겨 담임선생님의 마음까지 흔들어놓았으니까요. 덕분에 딸은 '녹색 지구 살리기'의 홍보대사로 친구들 앞에서 발표하는 기쁨까지 누렸습니다.

"비록 헌 옷으로 만들었지만, 이 옷은 세상에 하나뿐인 엄마의 선물입니다."

"솔이야말로 지구를 지키는 행복바이러스구나……. 솔이가 재활용을 잘해서 지구는 정말 행복할거야. 애들아, 앞으론 우리 솔이를 행복 바이러스라고 부르자!"

선생님의 배려로 힘찬 박수를 받으며 발표를 마친 딸아이……. 지구를 지키고 그 사랑법을 널리 알리는 데 힘쓰는 딸은 진짜 행복 바이러스입니다.

아버지의 가르침

속없이 착하기만 하신 분. 절대 화내지 않고 사람 좋은 웃음으로 사람을 아끼시는 분……. 우리 아버지입니다.

어릴 때부터 아버지가 내게 귀가 닳도록 해주신 말씀이 있습니다.

"손해를 보더라도 남에게 베풀고 살아야 한다. 누군가 잘못하더라도 그 사람 처지에서 생

각해 보고. 알겠지?"

그때마다 어머니는 평생 손해 보는 짓이라며 어깃장을 놓으셨고, 아버지는 남에게 피해 주는 것보다 차라리 속은 편하다며 뜻을 굽히지 않으셨습니다. 나는 그런 아버지가 든든하고 좋았습니다.

그런데 어느 날 밤, 아버지께서 약주를 과하게 하셨는지 평소와는 다른 말씀을 꺼냈습니다.

"세상은 말이다, 너무 정직하게 살면 손해 보는 거야. 가끔은 못될 필요가 있지. 그래야 성공하거든……."

술김에 무심코 던진 말씀이 내겐 충격이었습니다. 내가 알고 있는 아버지가 아닌 것 같아 낯설었고, 크게 실망한 나머지 나는 싸늘한 태도를 취했습니다. 하지만 이내, 아버지의 축 처진 어깨와 주름지고 굵은 손마디에서 아버지의 인생을 돌아보게 됐습니다.

무엇이 차돌처럼 단단했던 아버지의 신념을 깨뜨린 것일까요? 동료와의 자리싸움으로 회사에 사표를 던지고 나왔을 때, 사촌에게 빌려준 돈을 떼이고도 도리어 나쁜 사람으로 몰렸을 때, 교통사고 후유증으로 힘겨운 재활치료를 견뎌야 했을 때, 한때 도와줬던 친구에게 외면당했을 때……. 아버지는 그때마다 세상을 향한 믿음을 잃어가고 있었던 것입니다.

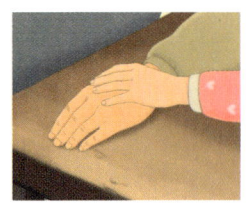  

"아버지…… 흑흑."

어떻게든 아버지가 옳다는 것을 알려 드리고 싶었습니다.

"아버지가 늘 그러셨지요. 사람 때문에 힘들어도 절대 사람은 미워하지 말라고요. 전 아버지가 옳다고 생각해요. 그 말씀대로 살아오신 아버지……. 그동안 잘 살아주셔서, 정말 고맙습니다."

딸의 한마디에 천군만마를 얻은 듯 아버지는 어깨를 쭉 펴고

말없이 내 손을 꼬옥 잡아주셨습니다. 누구보다 잘 살아오신 아버지……. 세상 사람들이 모두 부정한다 해도 나는 아버지의 삶이 최고였다고 자신 있게 말할 수 있습니다.

목욕탕 데이트

내 기억 속에 각인된 선생님의 모습은 위엄과 권위의 본보기였습니다. 학창시절에 받은 인상 때문인지 처음 교단에 섰을 때 나는 최대한 근엄하게 보이려고 애썼지요.

평소 불편해서 꺼리는 정장을 차려 입고, 목소리는 점잖게 깔고…….

그때마다 걸림돌 같은 아이가 있었습니다. 담임

을 맡게 된 6학년 반에서 소문난 말썽꾸러기인 선아였지요. 선아 앞에서는 반 아이들도 꼼짝하지 못했습니다.

신입 교사이기 때문에 자칫하면 아이한테 휘둘릴 수 있을 터. 그런 염려를 막기 위해 나는 더욱 엄한 태도를 고집했습니다.

그렇게 시간이 흐르고, 초임 선생님에게는 유난히 추운 겨울이 찾아왔습니다. 처음 맞는 교사 생활에 마음도 시린데……보일러까지 말썽을 부렸던 겁니다.

"뜨거운 물이 안 나와서 씻기는 글렀네. 애들한텐 잘 씻으라고 해놓고 내가 안 씻을 순 없지. 찜질방에 가야겠다."

아이들에게 모범이 돼야 한다는 선생으로서의 사명감은 나를 찜질방으로 이끌었습니다.

처음 가보는 그곳은 별천

따스한 그 손길을 기억합니다 · 101

지가 따로 없었습니다. 볼수록 신기한 풍경에 넋을 놓고 있던 그때, 누군가 등 뒤에서 말을 걸었습니다.

"저기, 제가 등 밀어드릴까요? 헤헤……."

내가 그토록 견제했던 선아였습니다. 기습 질문에 응이라고 대답해 버린 상황…….

"근데 선생님 혼자 오셨어요? 목욕탕엔 엄마랑 오잖아요."

"그런 넌 왜 엄마랑 같이 안 왔어?"

괜한 경계심에 무심코 되물은 한마디에 선아는 얼굴에 짙은 그늘을 드리웠습니다. 순간, 아차 싶었던 건 선아는 어머니가 안 계시기 때문이었지요.

나는 자연스레 이야기를 바꿔 평소와 달리 친근하게 대했습니다.

"선아야, 우리 식혜 먹을까? 음, 서로 등도 밀어주고, 어때?"

선아는 언제 그랬냐는 듯 밝은 표정을 지었습니다.

"매주 이렇게 해주시는 거예요, 선생님? 히히히……."

선아와의 목욕탕 데이트는 그렇게 얼결에 시작해서 주말 행사가 되었습니다. 그러면서 내 모습도 변해 갔지요. 차갑고 냉철한 선생님의 옷을 벗고 다정하고 친근한 선생님의 옷으로 갈아입었던 겁니다.

내 몸에 딱 맞는 멋진 교사의 삶을 선물한 선아는 어여쁜 숙

녀로 반듯하게 자랐습니다.

  나를 닮은 선생님이 되겠다며 교육대학에 진학한 제자……. 선생님이 된다는 것, 부모가 되는 일만큼 어려운 일입니다. 하지만 아이들에게 먼저 마음을 열고 다가서면 가장 아름다운 자리가 스승의 자리입니다.

함께하는 선생님

저는 학교에서 아이들을 가르치고 있습니다. 다만 교무실의 여느 선생님들과 다른 점이 있다면 기간제 교사라는 것입니다. 이런저런 사정으로 학교에 나올 수 없는 선생님들의 빈자리를 얼마간 대신하는 자리이지요.

사범대학을 졸업했지만, 교사의 길은 내 꿈이 아니었습니다. 그런데 결혼해서 살다 보니 남편의 벌이만으로는 살림

살이가 버겁다는 걸 알게 됐지요. 나는 기간제 교사로 눈을 돌렸고, 그렇게 13년을 지속해 왔습니다. 내가 교단에 선 목적은 오로지 팍팍한 생활에서 벗어나고 싶어서였습니다. 그 일이 있기 전까지는 말이지요.

4년 전의 일이었습니다. 근무하던 학교에서 교감 선생님께 불려가 듣기에도 난감한 특별 지시를 받게 됐습니다.

"앞으로 아침 자습 때 여교사 화장실 청소를 맡아주세요."

정교사들이 자율학습을 지도할 때, 기간제 교사 혼자 편히 쉬고 있으면 보기 안 좋다는 게 그 이유였습니다. 아무리 기간제이긴 하지만 명색이 선생님인데 화장실 청소라니……. 기분이 언짢고 굴욕감이 들었습니다. 나는 그 일을 수치로 여기고 아무도 안 보는 틈을 타서 청소하곤 했습니다.

그런데, 천길만길 나락으로 떨어지는 기분이었지만 오기가 났습니다. 어차피 맡은 일이라면 보란 듯 잘해서 미안한 마음

 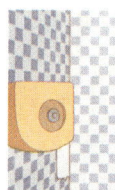  

이 들게 하고 싶었지요. 그렇게 생각을 바꾸니까 변기 하나를 닦아도 최선을 다하게 됐습니다. 땀 흘린 결과는 눈이 즐거울 정도로 깨끗한 화장실이 말해 주었습니다. 깔끔하게 정돈된 화장실을 보니 속상했던 마음은 뿌듯함으로 바뀌었습니다.

그런 만큼 지저분한 교실이 눈에 들어왔습니다. 하루 종일 아이들이 머무는 공간인데 다른 건 몰라도 쾌적한 환경을 만들어 주고 싶었습니다. 그러나, 수업 5분 전에 미리 가서 교실을 청소하는 내 모습에 아이들은 시큰둥하게 반응했습니다. 그러던 가운데 교실의 작은 변화는 어느 순간 찾아왔습니다.

"얘들아, 선생님이 하시기 전에 우리가 먼저 청소해 놓자."

 어지르고 늘어놓을 줄만 알았지 치우는 일에는 인색했던 아이들이 스스로 움직이기 시작했던 것입니다. 무엇보다 크게 변한 건 교사로서의 내 자세였습니다. 학교 구석구석을 청소할 때마다 내 마음속 묵은 때도 쑥 빠지는 기분이었지요. 그 효과는 수업 시간에 나타났습니다. 전보다 화내는 일이 줄었고 수업 분위기는 화기애애해졌고, 교사로서의 권위를 버리고 아이들에게 친구 같은 선생님으로 다가서게 되었던 것입니다.

 처음엔 체면이 서지 않는다면서 거북해했던 일이었습니다. 하지만 반질반질 윤이 나게 화장실을 닦으며 알게 됐지요. 자존심보다 더 중요한 것은 아이들과의 교감이라는 것을요.

 청소를 통해 내가 배운 건 아이들과 소통하는 법이었습니다.

사랑을 실은 트럭

"싱싱한 과일 있습니다, 싱싱한 채소도 있어요."

확성기를 틀고 골목을 지나는 채소 장수를 볼 때면, 나는 저절로 고개가 돌아갑니다. 내겐 무척 친근하고 따뜻한 외침……. 그때마다 15년 전 추억 속으로 빠져듭니다.

그 시절, 여동생이 원장으로 있는 미용실은 동네 사람들을 위한 만남의 장소였습니다. 미용실 뒷방에서 아이들은 공부나 놀이를 했고, 아주머니들은 머리를 손질하며 수다로 무료한 시간을 보냈습니다. 동네 사람들로 항상 북적거리는 동생의 미용

실……. 하루는 내가 더위를 피해 방문했습니다.

"아, 오늘 너무 덥다……. 헉헉……."

시원한 미용실 의자에 앉아 이마에 송골송골 맺힌 땀을 식힐 무렵, 누군가 가게 문을 열고 들어왔습니다.

"저, 실례합니다. 아, 여기가 맞네요. 먼저 이거 받으세요."

낯선 아저씨는 충분한 설명도 없이 무작정 과일 봉지를 내밀었고, 동생은 이유 없는 호의를 정중히 거절했습니다.

"꼭 드리고 싶어서 그럽니다. 아들에게 들으니 정말 고마운 분이어서요."

알고 보니 그는 트럭에 어린 아들을 태우고 다니는 채소장수

였습니다. 아내가 몸이 아파 어쩔 수 없이 아들을 데리고 일터에 나오곤 있지만, 마음은 늘 바늘방석이라는 아저씨…….

힘들어도 힘들다는 소리 한번 안 하는 어린 아들에게 아저씨는 아무것도 해주지 못하는 것이 가슴 쓰리게 미안하다고 했습니다.

"그런데 아까 트럭 뒤에서 잠시 물건을 정리하는 사이, 누가 아들에게 과자랑 아이스크림을 주고 갔더라고요."

어떤 아줌마가 줬다는 아들의 얘기에 아저씨는 추적을 시작했고, 목격한 동네 사람들에게 물어물어 동생 미용실까지 오게 됐던 겁니다.

"헤헤헤, 별거 아닌걸요. 그냥 제 아들 같고 조카 같았어요."

사연이 밝혀진 뒤에도 두 사람은 과일 봉지를 놓고 한동안 실랑이를 벌였습니다.

"어머…… 하하하."

"그럼 한 개만 받을게요."

"제가 돈은 없지만 사람의 도리는 알고 삽니다. 많진 않지만 이웃 분들과 나눠드세요."

얼굴을 모르는 아이를 살뜰히 챙긴 동생도, 고맙다며 과일 보따리를 풀어놓고 간 채소장수도……. 행복한 마음을 두고두고 느끼게 하는 아름다운 사람들이었습니다.

나는 대학졸업반

학력이 인생의 전부는 아니지만 자존심의 전부이던 때가 있었습니다. 학기 초면 아이들 손에 어김없이 들려 오는 가정 통신문……. 앞에서는 아닌 척했지만, 나는 고졸 학력이 부끄러웠고 마음의 짐처럼 무거웠습니다.

"그냥 대졸이라고 속여야 하나? 아휴, 속상해……. 부모 학력은 도대체 왜 적어 내라는 거야."

 동네 사람들을 만나서도 대학 얘기만 나오면 지레 찔려, 그 자리에서 5분 이상을 버티지 못했습니다. 철없을 때는 내 짧은 가방끈을 아버지 탓으로 돌렸습니다. 우리 집 늦둥이인 내가 중학생이 됐을 때 이미 환갑을 넘기신 아버지…….

 "막내야, 실업고에 가는 게 어떻겠니?"

 예전만 못한 집안 형편에 아버지는 실업고를 권하셨지만, 나는 고집을 피워 인문계에 진학했습니다. 그렇다고 공부를 잘한 편도 아니어서 결국 대학 문턱을 넘지 못했지요. 따지고 보면 아버지의 열악한 지원 탓이 아니었는데…….

 나는 아버지를 원망했던 시간의 터널을 지나, 어느덧 한

남자의 아내가 되었습니다. 그러던 어느 날, 초등학교 교사인 형님이 연수를 내려와 잠시 우리 집에 머물게 되었습니다.

"아휴…… 예정에도 없던 시집살이하게 생겼네, 정말……."

그렇지 않아도 남편 사업이 부진해서 돈 구경하기가 힘든 때라, 형님과의 짧은 동거가 부담이었는데…… 지나친 염려였습니다. 우리 집에 계시는 동안 형님은 일부러 장도 봐다 주고 자주 외식도 시켜주고, 심지어 집에 돌아가는 날에는 봉투 하나를 놓고 가셨습니다.

"이거 동서 대학 등록금이야. 방송통신대학에서 열심히 공부해 봐. 내가 힘이 돼줄게. 대학 등록금은 신경 쓰지 말고."

　못다 한 공부를 하라며 내 손에 쥐여 주신 등록금 100만 원……. 생활에 치여 엄두도 내지 못했던 일에 길을 열어주시고, 수많은 시간 동안 나를 괴롭혔던 학력 콤플렉스라는 가려운 부분을 속 시원하게 긁어주신 형님……. 그 후, 나는 형님이 주신 돈으로 대학에 등록했고 착실한 학생으로 졸업도 앞두고 있습니다.

　내가 세상에 태어나 가장 잘한 일은 다시 공부를 시작한 것입니다. 그 선택을 희망으로 이끌어준 내 삶의 은인……. 마음이 바다처럼 넓은, 우리 형님입니다.

내 인생의 대대장님

서울 올림픽이 열린 1988년, 나는 공군에 입대했습니다. 가난한 집안의 장남이자 가장. 아버지는 병으로 힘없이 누워 계시고, 살림을 꾸려가기엔 열여섯 살 여동생은 아직 어리고, 가뜩이나 힘든 이등병 생활에 가족에 대한 걱정까지……. 밤하늘에 뜬 둥근 달만 봐도 하염없이 눈물이 흘렀습니다.

"아버진 식사 잘하고 계실까? 아침마다 도시락 싸느라 막내가 힘들 텐데……."

힘겹게 지낼 가족을 생각하며 이병에서 일병을 지나 영원히 올 것 같지 않던 상병이 됐을 때, 여유가 생긴 만큼 미래에 대한 걱정과 불안도 따라다녔습니다. 제대 후엔 돈을 벌기 위해 무슨 일이라도 해야 하는 형편…….

"아버지랑 동생을 보살피려면 좋은 데 취직해서 돈 많이 벌어야 하는데……. 그래, 열심히 공부하는 거야."

가족을 부양해야 한다는 막중한 책임감은 나를 부대 안 도서관으로 이끌었습니다. 무역학 전공을 살려 외국어 공부를 준비했던 나는 찾는 사람이 거의 없는 도서관에 직접 불을 켜고 드나들기 시작했습니다.

외로움을 잊은 채 그렇게 공부에 몰두하던 어느 날, 평소처럼 새벽 1시까지 도서관에 있는데, 스르르 문이 열리면서 누군가

의 인기척이 들렸습니다. 놀랍게도, 멀리서나 뵐 수 있었던 대대장님이 도서관을 찾았던 거지요. 나는 벌떡 일어나 경례를 올렸습니다.

"흠……, 외국어 공부를 하나?"

"네!"

대장님은 그저 내 어깨를 가볍게 두드릴 뿐 별다른 말씀은 없었습니다.

그런데 다음 날 저녁, 어쩐 일인지 항상 불 꺼진 도서관에 환하게 불이 들어와 있었습니다. 오늘은 혼자가 아니라는 반가움에 문을 열었지만, 그곳에는 아무도 없었습니다.

"어어……?"

평소와 다른 점이라면, 학업에 집중할 수 있도록 잘 정리 정돈된 책상과 미리 켜둔 난로의 온기 덕분에 한껏 따뜻해진 실내였습니다.

누군가 미리 와서 사람 냄새를 채워놓고 간 도서관…….

가난한 집안의 가장으로 힘겨워하던 내게 힘을 실어준 그분. 선물의 주인공은 지난밤, 내 어깨에 말없이 손을 올려주신 고마운 대대장님이었습니다.

한글에서 한국을 배웁니다

"한글을 무료로 가르쳐드립니다."

5년 전, 어느 허름한 건물에 사람들의 눈길을 끄는 현수막이 걸렸습니다. 그리고 며칠 뒤, 스무 명 남짓한 사람들이 자그마한 교실에 모였습니다.

"쩌도 한클 배우꼬 싶습니당."

국적도 생김새도 나이도 상관없이 한글을 배우고 싶

은 사람이라면 누구나 환영하는 이곳은 정병용 씨가 세운 세종교육센터입니다. 5년이 지난 지금은 수강생이 무려 150명. 이름은 한글교실이지만, 다문화 가정의 부모 자녀와 외국인 유학생을 위해 한국 문화도 가르치고 있습니다. 생활예절을 배우는 건 기본이요, 김치도 담그고 박물관을 찾아다니며 한국의 역사를 보고 듣는 곳.

이사장 정병용 씨의 땀과 애정은 소외 받고 그늘진 사람들에게 한 가닥 희망의 빛이 됐습니다.

그가 주유소 사장에서 돌연 한글학교 대표로 나선 데는 몇 년 전, 버스정류장에서 만난 한 외국인의 영향이 컸습니다. '수서역에서 내린다'는 쪽지를 내밀던 외국인 아가씨.

순간, 그의 머릿속에 다문화 가정이 떠올랐습니다. 한글이 낯선 외국인 엄마와 그 때문에 한글을 깨우칠 기회가 줄어들어 학교생활이 힘겹고 불편할 아이들…….

"다른 나라에 살면서 그 나라 언어를 모르니 얼마나 불편하고 외로울까……?"

오늘의 세종교육센터를 만든 까닭은, 이 같은 한글교육에 대한 절박함 때문이었습니다. 정병용 씨는 한글을 가르치고, 무료 점심도 나눠주는 그 모든 비용을 기꺼이 부담하고 있습니다. 더불어 그의 아름다운 행동은 사람들의 따뜻한 손길을 불러왔습니다.

현직 경찰서 소장에 정년퇴직한 교장까지, 다양한 자원봉사자들이 있지만 그중 가장 눈에 띄는 교사는 한글교실을 졸업하고 한글 선생이 된 중국인 교포입니다.

"아름다운 우리 강산을 사랑합시다!"

정병용 씨는 다문화 학교를 짓고 싶다는 원대한 꿈을 꾸고 있습니다.

언어를 배운다는 것은 그 나라의 얼을 배우는 것……. 그가 알리고 있는 것은 아름다운 한글이요 아름다운 한국입니다.

선생님의 처방약

초등학교 1학년 아들의 알림장에서 충격적인 내용을 발견한 건 입학한 지 얼마 지나지 않아서였습니다.

"아이가 수업에 집중을 못하고 자꾸 돌아다닙니다."

 담임선생님이 빨간 펜으로 써서 보낸, 차마 거짓말이라고 믿고 싶은 지적……. 나는 곧바로 말썽꾸러기 아들 길들이기에 나섰습니다. 아들의 정서 안정을 위해 차분히 책도 읽어주고 잔잔한 음악도 들려주었지만, 아들은 변하지 않았습니다.

 "오늘 쉬는 시간에는 친구가 시끄럽다고 해서 말다툼을 했습니다. 가정에서 지도 부탁드립니다."

 마치 눈앞에서 충고를 듣는 듯, 얼굴이 다 화끈거렸습니다. 극약 처방으로 회초리를 들었지만, 아들의 버릇에는 매도 약이 되지 못했습니다. 이제 필요한 것은 주변 엄마들의 조언뿐이었습니다.

"선생님이 계속해서 그러시는 걸 보면 혹시 뭔가 바라는 게 있지 않을까?"

설마설마하면서도, 아이 때문에 정말 힘들면 제아무리 좋은 선생님이라도 뭔가 바랄 수 있겠다 싶었습니다. 마침 스승의 날도 다가오고 해서 선물을 준비하긴 했지만, 말로만 듣던 촌지라는 존재에 마음이 서글퍼졌습니다.

그렇게 며칠이 지나고 어린이날 무렵, 아들은 학교에서 뭔가를 가져왔습니다. 그러곤 종달새처럼 재잘거렸습니다.

"엄마, 이거 어린이날 선물이라고 선생님이 주셨어요. 이 약 먹으면 수업시간에 떠들지 않고 집중할 수 있대요."

아들이 가져온 것은 약봉지였습니다. 착한 어린이가 되고 싶을 때 먹으면 효과를 발휘한다는 신기한 약······.

"단, 아래와 같은 어린이에게는 효과가 없으니 주의하세요."

선생님을 사랑하지 않는 어린이, 이 약에 대한 믿음이 없는 어린이, 한 번에 많은 약을 먹는 어린이……. 봉투 앞면에는 이런 설명이 적혔고 뒷면에는 아들이 수업태도가 좋아지고 있다는 칭찬 일색이었습니다.

"승혁아, 어린이날을 진심으로 축하한다. 사랑해……."

내용물이라고 해봤자 초콜릿 세 알이 전부였지만 선생님의

세심함이 느껴지는 조제약…….

무턱대고 선생님을 오해했으니 약을 먹어야 할 사람은 제가 아닐까요? 알약을 입안에 탈탈 털어 넣을 때마다 한결 의젓해지는 아들아이…….

아들의 말썽을 잠재운 효과 빠른 약은 선생님의 사랑이었습니다.

꼴찌에게도 희망은 있다

우리 반이 또 꼴찌를 했습니다. 며칠 뒤에 있을 체육대회 예선 종목에서 탈락이라는 쓴맛을 본 것입니다.

"공부도 꼴찌, 운동도 꼴찌, 우리 반은 뭐 하나 잘하는 게 없다니까."

"공부가 엉망인데, 운동이라고 뭐 다르겠어?"

한 학기 내내 성적이 바닥을 달리면서 중학교 1학

년의 대표 꼴찌로 이름을 날린 우리 반 아이들……. 낮은 학업 성적으로 떨어진 사기는 운동 꼴찌라는 불명예까지 안으면서 아예 꺾여 버렸습니다. 나는 추락한 자신감을 채워주기 위한 방법으로 학급 소식지에 격려의 글을 남겼습니다.

"너희들은 정말 예쁜 아이들이야. 너희가 그걸 알았으면 해. 비록 예선 종목에선 떨어졌지만 당일에 더 많은 경기가 남아 있잖아. 그때는 우리 한마음으로 열심히 해보자. 너희에게 필요한 건 경쟁이 아니라 화합이니까. 다 같이 힘내자!"

나의 진심은 주눅 든 아이들을 움직였습니다.

"선생님, 이거 저희가 만든 거예요. 진짜 멋지죠? 헤헤헤."

몇몇 아이들을 중심으로 응원도구가 만들어졌고, 모두들 다시 힘을 모아 최선을 다하겠다는 남다른 의지를

드러냈습니다. 드솟은 기운은 체육대회까지 이어졌습니다.

　세 가지 종목에 참여해 빛나는 협동심을 발휘한 우리 반 아이들. 두 사람이 단결해 결승점에 도착하는 2인 3각 경기, 무엇보다 호흡 맞추는 것이 중요한 단체 줄넘기, 합심의 띠로 똘똘 뭉쳐 감동의 드라마를 선보인 이어달리기까지……. 세 경기 모두 우리 반이 1등을 한 것입니다.

　아이들은 흥분했습니다. 1등이 주는 성취감보다 협동이 주는 뿌듯함에 신이 난 아이들…….

　"선생님, 우리가 해냈어요. 헤헤헤!"

　"그래, 잘했다 잘했어. 너희 모두 최고야!"

　한때 우리 반에는 '뭘 해도 안 된다'는 꼴찌 바이러스가 유행했습니다.

　"우우…… 어어…… 헤헤."

　하지만 아이들은 멋지게 극복했습니다.

꼴찌에게도 희망은 있고 내일이 온다는 것을 심어준 최고의 백신……. 우리는 하나라는 우정이었습니다.

아버지와 피아노

봄바람이 살랑살랑 불던 어느 3월, 피아노 매장 진열장에서 낯선 가방 하나를 발견했습니다.

"어? ……이게 뭐지?"

피아노를 조율할 때 쓰는 공구가 가득한 그것은 아버지의 가방이었습니다.

3년 전, 세상을 떠난 아버지는 피아노 조율사였습니

  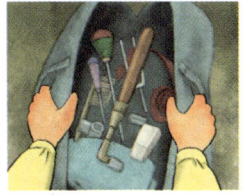

다. 그전까지 유명 피아노 회사에 근무하다가 타고난 음감을 살려 조율사가 되신 아버지. 그 그늘에서 나는 컴퓨터를 전공했지요. 하지만 군대 교회에서 피아노를 반주하던 어느 날, 나는 숙명적인 환상과 맞닥뜨렸습니다. 피아노를 조율하는 아버지가 신기루처럼 내 눈앞에 나타나 내가 가야 할 길을 보여 주었던 거지요.

"그래, 아버지 뒤를 잇는 거야!"

그러나 제대 후의 진로를 앞두고 나는 아버지의 반대라는 거대한 벽에 부딪혔습니다.

아들이 조금 더 편한 일을 하길 바랐던 아버지. 하지만 나는 끝까지 내 선택을 고집했고, 아버지의 고객을 만날 때마다 그 결정

이 최고의 결정이었다는 것을 실감했습니다.

"내가 여기 30년 단골이거든요. 당신 아버지는 정말 특별한 분이셨죠."

부산에서 거제도까지 출장을 가실 만큼, 손님들 부탁이라면 열정과 성의를 다하셨던 아버지. 암 진단을 받고 기나긴 투병 생활을 시작하셨을 때도 아버지는 아픈 몸을 이끌고 매장에 나와 일을 거드셨습니다.

"아버지, 그러시다 정말 큰일 나요. 어서 들어가 쉬세요!"

"네 덕에 일이 많아졌는데 신이 나서 가만 누워 있을 수가 있어야지……."

　가장 크게 반대하셨지만 아들과 함께 일하게 된 것을 가장 크게 기뻐하셨던 아버지……. 진열장에서 찾은 그 공구가방은 툭하면 가방을 잃어버리고 오는 덜렁이 아들에게 주는 아버지의 선물이었던 것입니다.

　당신이 떠나시면 챙겨주고 싶어도 챙겨줄 수 없는 어느 날을 위해, 일찍이 준비해 둔 아버지의 공구가방…….

　"아버지……."

　곁에 계시지 않는 지금도 아버지는 내 삶을 아름답게 조율하고 계셨던 것입니다.

"밥은 잘 먹고 다니지? 아픈 데는 없고?"
 늘 하시던 말씀인데 어딘가 모르게 달라진 글씨에서 눈을 뗄 수가 없었습니다.
 손수 편지를 쓰기 위해 몇 달 동안 한글을 공부하신 어머니 글씨였습니다.

…언제든 돌아갈 곳이 있어
　　　　　　행복합니다

속옷에 피어난 사랑

봄철을 맞아, 농사일이 한창일 무렵인 5월에 나는 첫애를 낳았습니다. 친정에서 산후조리를 하게 됐지만, 온종일 고된 밭일로 지친 부모님께 폐를 끼치는 것 같아 가시방석이 따로 없었습니다.

"아이고 이쁜 것! 이 녀석만 보면 피곤이 싹 가신다니까……."

내 마음을 편하게 해주려

는 듯, 손자 보는 재미에 힘이 펄펄 난다며 나를 안심시키시던 부모님…….

　어느 정도 몸 움직이기가 수월해졌을 땐, 바쁜 부모님을 도와 내가 집안일을 맡아 하게 됐습니다. 아기 보는 틈틈이 청소도 하고 밥도 짓고 빨래도 하고…… 난생처음 내 손으로 부모님 속옷을 세탁한 날도 있었습니다.

　"이게 속옷이야, 걸레야……."

　걸레인지 속옷인지 구분이 가지 않을 만큼, 구멍이 숭숭 뚫리고 늘어진 부모님의 속옷. 더 기가 막힌 건, 어머니 건 내가 중학교 때 입었던 십 년도 더 지난 속옷이라는 것이었죠. 이런 것을 일러 부모의 희생이라고 하는 걸까요? 눈물이 앞을 가렸습니다.

　"이런 너덜너덜한 걸

  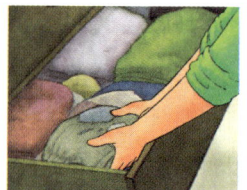

속옷이라고 입고 계시다니, 속상하게……. 내가 새로 사드려야지……."

나는 서랍 속 낡은 속옷들을 버리려고 하나하나 끄집어냈습니다. 그런데 때맞춰 어머니께서 집으로 돌아오셨지요.

"아직 더 입을 수 있는데 왜 버리겠다고 그래, 아깝게."

무턱대고 버리려는 내 행동을 어머니는 나무라셨고, 바닥에 널브러진 속옷들은 도로 옷장행이 되었습니다.

두 분의 황소고집을 어찌 말릴까요. 결국, 헌 속옷을 버리려던 계획은 무산되고 나는 산후조리를 마치고 집에 돌아왔습니다. 씁쓸한 마음은 가방에서 발견한 새 속옷 세 벌에 또다시 밀려왔지요. 사드리고 와도 모자랄 판에 오히려 받아들고 온 것이 속상했는데, 아버지 생각은 저와 달랐습니다.

"난 아직 입을 게 많아서 천 서방 입으라고 넣은 거다. 우리도 네 맘 다 알아. 겉모습이 뭐 그리 중요하니? 자식 손자 잘 키

웠으니 마음이 부자면 된 거지. 이만하면 꽤 행복하다 싶다, 응?"

　당신은 헌 옷을 입어도 자식에게는 좋은 것, 새것을 입히고 싶은 것이 부모 마음…….

　"아버지, 고맙습니다. 제가 형편 나아지면 좋은 거 많이 사드릴게요. 흑흑흑……."

　실은, 친정에서 나올 때 낡은 속옷 몇 개를 몰래 챙겼습니다.

　그 속옷에서 묵은 때처럼 깊고 진한 부모님의 사랑을 배워갑니다.

이가 더 아팠으면 좋겠어요

아이들이 가장 무서워하는 곳을 꼽으라면 치과가 아닐까 생각합니다.

"으앙……, 싫어 싫어……."

하루에도 몇 번씩 아이들이 목청껏 울어대는 곳이 치과의 풍경이지요.

내 옷깃을 잡고 서러운 눈망울로 동정심을 호소하는 아이, 입을 힘껏 앙

 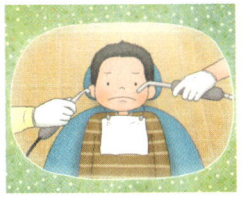 

다물고는 절대 벌리지 않는 아이, 날쌘 다람쥐처럼 요리조리 피해 도망 다니는 아이.

그중 내 기억에 가장 오래도록 남아 있는 아이는 병규라는 여덟 살 소년입니다.

아이들은 병원 입구에서부터 무서워 발을 떼지 못하는 게 보통인데, 병규는 진료의자에 앉아서도 생글생글 웃으며 인사합니다.

"아프지 않게 잘해줄게 조금만 참아요. 자, 아…… 벌리고."

"네에……."

대담한 행동만큼이나 대답 또한 우렁찬 병규는 간호사들도 예뻐하는 어린 환자이지요. 병규가 다섯 번에 걸친 치료를 야무지게 끝마치던 날, 아쉬운 생각마저 들었습니다.

"오늘이 마지막이구나. 이젠 병원은 안 와도 돼. 좋지? 대신 앞으론 이 열심히 닦아야 해요."

여느 아이들이 그렇듯 치료가 끝났다고 하면 병규가 좋아할 거라고 생각했습니다.

"선생님, 그런데 정말 다 끝난 거예요? 이제 다시는 못 오는 거예요?"

의외의 반응에 놀란 내게 병규는 속상한 얼굴로, 새끼손가락을 걸고 말할 비밀이 있다고 했습니다.

 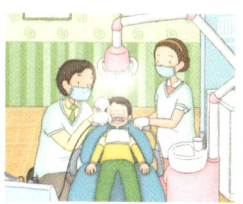 

"선생님, 부모님께 한 번만 더 치료 받으러 와야 한다고 해주세요……. 네?"

일부러 거짓말할 수는 없으니 이유부터 들어보자고 하자 병규가 어렵게 입을 뗐습니다.

"실은 얼마 전 부모님이 이혼하셨어요. 전 엄마랑 살고 있는데 아플 땐 아빠가 절 보러 오시거든요. 그런데 이가 다 나으면 아빨 볼 수가 없잖아요. 선생님, 전 이가 많이 아팠으면 좋겠어

  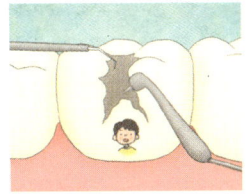

요. 아주 많이요."

썩은 이보다도 부모님의 이혼으로 가슴의 상처가 큰 병규. 그렇게 거짓말을 해서라도 부모님과 함께하는 시간을 더 많이 누리고 싶었던 겁니다.

튼튼해진 치아처럼 가슴속 쓰린 상처도 언젠간 꼭 완치되길 바라며, 나는 병규를 꼭 안아주었습니다.

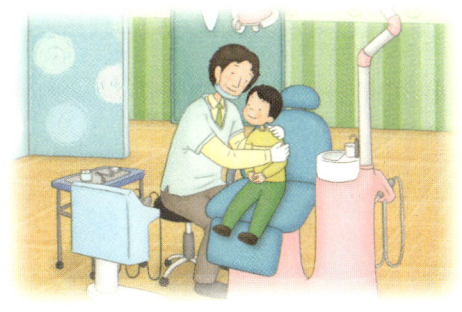

엄마의 첫 편지

오늘도 어머니가 저를 보자마자 책상 앞에 앉혀 놓고 물으십니다. "이 글자는 어떻게 읽는 거니?"

다른 사람에게는 말하는 것만큼이나 읽기도 쉬운 한글이 어머니에게는 낯설고 새로울 뿐입니다.

어머니는 올해 일흔둘이십니다. 옛날 분들에게 흔한 일이듯 어머니는 초등학교 문턱을 넘지 못한 까막눈이십니

다. 글은 몰랐어도 어머니의 모성애는 지극하셨습니다. 무거운 과일 광주리를 머리에 이고 행상을 다니며 우리 6남매를 키우셨지요. 찌들고 궁색한 형편에 남들처럼 잘 먹고 잘 입히진 못하지만, 공부만큼은 꼭 가르쳐야 한다는 게 어머니의 굳은 심지였습니다.

"우리 애들은 절대로 나처럼 까막눈으로 만들지 않을 테야."

자식들 뒷바라지에 손발 헐도록 일하신 어머니 노고에, 우리 6남매는 원 없이 공부할 수 있었고 좋은 직장에 취직해 안락한 가정을 꾸렸습니다. 짧은 생각에, 아마도 어머니에게는 이제 더는 바랄 것이 없으리라고 생각했지요.

그런데 어느 날 문득 어머니께서 한글을 배우고 싶다며 작은 소원을 내비치셨습니다. 어머니의 마음을 먼저 헤아리지 못한 못난 딸인 것이 너무나 죄송했던 나는, 그날로 한글교실을 등록해 드렸습니다.

나이 칠십에 생애 처음으로 가나다라를 배우신 어머니.

눈으로 볼 줄만 알았지 읽고 쓸 줄은 몰랐던 글자가 하나둘 눈에 들어오자 어머니는 마냥 신기하고 신나 하셨습니다.

"행복 떡볶이, 꾸메푸메 문방구…… 호호호."

차를 타고 외출할 때마다 시내 간판들을 소리 내서 읽으며 혼자 수줍게 웃곤 하실 정도였지요.

 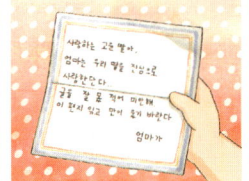 

그동안 먹고 사느라 짓무른 눈과 손으로 이제는 한글을 읽고 쓰느라 시간 가는 줄 모르십니다. 늦은 연세에도 배움의 끈을 놓지 않는 그 모습이 아름다웠고, 그 오랜 세월, 배움의 갈증을 꾹꾹 눌러온 안타까운 현실이 가슴을 아프게 짓찧었습니다.

그리고 몇 달이 흘렀습니다. 어머니에게 편지 한 통을 받았습니다. 집에서 펴보라며 손에 꼭 쥐여 준 어머니의 편지…….

"사랑하는 고운 딸아, 엄마는 우리 딸을 진심으로 사랑한단다. 글을 잘 못 적어 미안해. 이 편지 읽고 많이 웃기 바란다."

어머니가 생애 처음 쓴 편지의 주인공이 나라는 사실에 눈물이 흘렀고, 그 사랑에 가슴이 뜨거웠습니다. 들쭉날쭉 제멋대로 생긴 글씨에 맞춤법도 틀린 곳이 많았지만, 나에겐 삶의 지혜와 기쁨을 안겨 준 최고의 명언이었습니다.

불효자의 효도

어느 날 갑자기 아버지의 호출을 받았습니다. 우리 4남매는 영문도 모른 채 한자리에 모였지요. 아버지는 잔뜩 긴장한 자식들을 쭉 한번 둘러보셨습니다. 그러더니 두어 번 헛기침을 하시고는 진지하고 무게감 있는 어조로 말씀하셨지요.

"앞으로 나한테 너희들이 용돈을 줘야겠다. 각자 얼마씩 줄 수 있을지 여기에 적어 내거라."

그러면서 얼마 전 친구한테 노후자금을 빌려 줬다가 떼이고 무일푼이 되었다는 말을 덧붙였습니다. 믿고 기댈 곳이라고는 이제 자식들뿐이라며, 아버지는 사등분한 종이에 얼마씩 용돈을 줄 수 있는지 적어 내라고 했습니다. 우리는 각자 형편에 맞게 적기로 하고 금액은 비밀에 부쳤지요.

그런데 다음 날 아버지가 또다시 우리 4남매를 부르셨습니다.

"적어낸 액수를 보니까 직장도 제일 좋고 돈도 제일 잘 버는 아들이 가장 적더구나. 내 입으로 말하기도 부끄러워서……. 그리고 제일 큰 금액을 적어낸 건 형편이 가장 좋지 않은 큰딸이더구나. 지금 형편으로는 어림없는 돈일 텐데 말이다."

여기서 큰딸이란 나를 두고 하는 말씀이었습니다. 그때 아버지가 폭탄선언을 하셨습니다.

"내가 나중에 유산을 남기면 너희들이 적어낸 액수에 비례해서 남길 거다. 당연히 큰딸에게 가장 많은 유산이 가겠지."

다음 날 오후, 어머니와 통화하면서 아버지가 왜 그런 시험을 내셨던 것인지 그 까닭을 알게 됐습니다.

아버지의 친구 중 혼자 사는 분이 계시는데, 자식들이 바쁘게 산다는 핑계로 부모가 어떻게 사는지 안중에 없자, 용돈을 적어내라고 했다는 것이었습니다. 그런데 황망하게도 돈 많은 자식은 적은 금액을 써서 내고, 가난한 아들은 형편에 맞지 않게

큰돈을 적어냈다고 했습니다. 그리고 똑같은 상황이 우리 집에서 그대로 펼쳐졌던 것입니다.

"아버지가 오빠한테 무척 서운한 눈치셔. 오빠한테 제일 많이 공들였으니."

자식이 무엇을 해주길 바라는 건 아니지만 서운한 것은 어쩔 수 없다는 어머니. 아버지만큼 속상해하는 어머니를 달래드리

며 나는 속마음을 내비쳤습니다.

"엄마. 너무 서운하게 생각 말아요. 오빠는 지금껏 말썽 한번 피우지 않았잖아요. 그런데 저는 어땠어요. 부모님 엄청 괴롭히는 딸이었잖아요. 오빠는 마음이 편해서 그런 거고 저는 죄송한 마음이 커서 이제라도 잘하고 싶어 그런 거예요, 엄마."

큰딸은 살림 밑천이라고들 하는데, 예전에 나는 부모님을 가장 힘들게 했던 자식이었습니다.

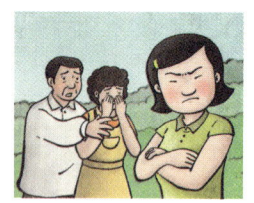  

부모님이 가라는 길에서 벗어나 내 멋대로 취직하고 결혼한, 전적이 화려한 딸이었지요. 그런데 자식 셋을 낳고 나니 알겠더군요. 무조건 베푸는 게 부모의 마음이라는 것을요.

그래서 용돈을 적어내라고 했을 때 불효한 시간에 비례해 조금 더 썼던 것이었습니다. 더 늦기 전에 부모님의 크신 사랑에 효도하는 큰딸이 되고픈 마음인 것입니다.

시어머니의 깊은 사랑

9년 전 처음 한국 땅을 밟았습니다. 아는 한국말이라곤 인사말이 전부였던 나는 일본 사람입니다. 그런 내가 한국 남자와 결혼했습니다. 사랑하는 남편을 따라 한국에서 꾸린 신접살림……. 태어나 처음으로 접하는 한국 문화에 온통 걱정으로 가득했던 마음은 시어머니의 따뜻한 마중을 받으면서 진정됐습니다.

"어서 와요, 잘 왔어요."

　타국에서 시집온 외국인 며느리를 시어머니는 하나에서부터 열까지 챙기셨습니다. 하지만 대화가 통하지 않아 진심을 알기란 쉽지 않았지요. 게다가 시어머니의 경상도 사투리에 상처를 받는 일도 있었습니다. 억양도 세고, 웬만해선 알아듣기도 힘든 어머니식의 화법…….

　"여보, 아까 어머니께서 저보고 '오지 말라'고 하셨는데, 그건 제가 싫다는 말인가요?"

　"그건 '힘들게 왜 왔니' 하는 걱정 어린 말이에요."

　가끔 오해가 생길 때면 남편이 풀어주곤 했지만 시어머니와의 서먹한 관계까지는 해결하지 못했습니다. 그러저러 시간이 흘러 아이를 낳게 됐습니다. 하지만 무슨 이유에선지 출산 뒤에도 열이 내리지 않아 병원을 떠나지 못했습니다.

　병석에 누워 혼자서는 아무것도 할 수 없었던 나를 살뜰히 보살펴 준 분은 시어머니였습니다. 고열에 땀 젖은 몸을 보물단지 만지듯 정성으로 닦아주셨던 시어머니.

　"친정엄마다, 생각하고 마음 편하게 필요한 거 있음 뭐든 얘기해. 알았지?"

　병원 생활 한 달 동안 시어머니의 따뜻한 보살핌을 받았고, 둘째 아이를 낳고도 그 사랑을 톡톡히 누렸습니다.

　남편은 없고 나는 산후 조리 중이던 어느 저녁, 큰애가 열병으로 몸이 펄펄 끓었습니다. 시어머니는 그대로 아이를 업고 시내 병원을 향해 눈길을 달리셨습니다. 무릎이 성치 않아 걷기도 힘든 어머니를 진땀 나게 하는 한밤의 위급 상황……. 아이는 곧 병이 나았습니다.

　자식이 몸이 아플 때 어머니는 마음이 아프다는 말의 참뜻을 뼛속 깊이 새긴 푸근한 밤이었습니다.

　서로 말이 달라 힘든 시절도 있었습니다. 그때는 그게 전부인 줄 알았는데, 대지처럼 넓은 어머니의 가슴에 안기면서 그보다 더 중요한 게 있다는 걸 알았습니다.

　가족이란, 가슴으로 느끼는 진짜 사랑이라는 것입니다.

어머니의 손톱

처음으로 어머니의 손톱을 깎아드린 날을 나는 잊을 수가 없습니다. 웬만한 돌보다 단단해 여간해선 다루기 쉽지 않은 어머니의 손톱. 힘들게 살아온 세월의 더께만큼이나

 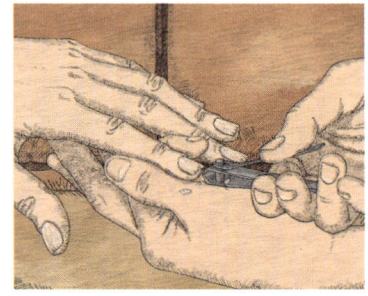

거칠고 두꺼웠습니다. 어머니의 손톱은 깎기가 무섭게 조개껍데기처럼 바스라지거나 공처럼 튀어 멀리 날아갔지요.

"어어, 어머니…… 흑흑."

그렇게 잘려 나간 손톱은 파편에 맞은 듯 내 가슴을 아프게 찔렀습니다. 젊은 날, 어머니에게 손톱은 험한 농사일을 거드는 연장이었습니다. 그 바람에 겨울이면 두 손이 마른 논처럼 쩍쩍 갈라졌고, 누나들이 사다 드리는 콜드크림 하나로 쓰라린 시간을 버티셨습니다.

거친 들판에서 고생으로 길들여진 까칠한 손을 어머니는 좋아하셨습니다. 오히려 깨끗해지는 것을 수치로 아셨고 자식들

  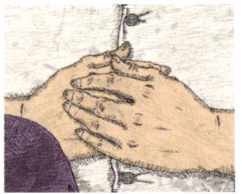

이 부끄러워하는 것 같으면 알아듣기 좋게 타일렀습니다.

"정말로 창피한 손은 더러운 손이 아니라, 더러운 마음이란다……."

나무껍질처럼 투박해도 자랑스럽다던 어머니의 손에도 봄날이 찾아왔습니다. 6년 전, 심장수술을 받은 어머니가 아파트 생활을 시작하면서부터였습니다.

"어머, 어머니 손이 예뻐졌어요."

"이제 엄마도 손톱에 멋도 내고 광도 내고 그러세요."

농사일을 놓고 이제야 사람 손답게 달라진 어머니의 손을 우리는 곱게 가꿔드리고 싶었습니다.

 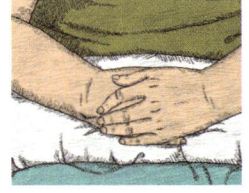 

하지만 정작, 손 주인인 어머니의 표정은 어두웠지요.

"에휴…… 농사꾼한테는 농사꾼 손이 있는 건데, 이런 손으로 흙을 어찌 만질꼬……."

어머니의 깊은 한숨에 우리는 정신이 번쩍 들었습니다. 짓무르고 부르터진 까만 손이, 돌처럼 단단해진 때 묻은 손톱이, 어머니에게는 치열한 생을 살아온 영광의 흔적이었던 것입니다.

 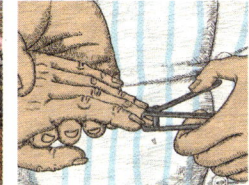 

고단한 삶을 견디며 자식 넷을 반듯하게 키워낸, 가난한 농사꾼의 투박한 손.

나는 오늘도 길게 자란 어머니의 손톱을 깎습니다.

굳은살 박인 어머니의 손 마디마디에서, 갚을 수 없는 어머니의 사랑을 발견합니다.

친구의 고백

제게는 학창시절의 추억을 함께한 소중한 친구가 있습니다. 우리는 집이 가까워 공부도 놀이도 함께했고 마음까지 잘 통하는 단짝이었지요.

친구네 부모님은 자동차 수리점을 하셨습니다. 가게에 놀러

갈 때마다 친구의 어머니는 항상 세차 중이셨지요.

차를 닦기 위해 물을 뿌리는 광경이 어린 눈에는 마냥

재미있어 보였습니다.

　우리는 일하시는 어머니 옆에서 물장난 치며 놀았고 그때마다 친구네 어머니는 손님 차에 흠집이라도 날까 전전긍긍하셨습니다. 그런데 중학생이 되면서 친구가 달라졌습니다.

　"미안, 오늘은 못 놀 거 같아."

　친구가 어머니 일을 거들기 시작하면서 우리는 전처럼 물장난하며 놀 수 없게 되었습니다. 친구는 고등학교에 올라가서도 세차 일을 도왔습니다. 솜씨도 제법 능숙해져서 여학생인데도 장정 한 명 몫을 톡톡히 해냈습니다.

　노는 걸 더 좋아하고 집안일은 싫어했던 친구가 하루아침에 다른 사람이 된 사정은, 한참 뒤에야 친구의 입을 통해 들을 수 있었습니다.

　"중학교에 들어가기 전

까지만 해도 난 엄마한테 짜증이나 부리는 못된 딸이었어. 그릇에 붙은 밥풀 하나 잘 씻지 못하시는 엄마가 싫었거든."

친구는 엄마가 설거지를 대충하신다고 생각했고 그래서 불만이 많았다고 했습니다.

그러던 어느 날 처음으로 엄마 일을 돕게 되었다는 친구. 얼마나 힘들었으면 세차 한 번에 친구는 몸살이 났다고 했습니다. 그대로 집에 돌아온 친구는 개수대에 쌓인 설거지에 어쩔 수 없이 손을 댔습니다.

"그런데 말이야, 손이 떨려서 그릇을 닦을 수가 없는 거야."

하루 종일 차를 닦아 힘이 다 빠져버린 손. 그런 몸으로 그릇

에 눌러 붙은 밥풀을 떼어내기가 엄마에게는 얼마나 고역이었을지……. 친구는 그 자리에서 한참을 울었다고 했습니다.

그릇에 남은 밥풀의 흔적. 그것은 온전히 자식을 위해 희생하는 어머니의 사랑이었습니다.

나누면 행복해요

고이고이 키운 외동딸이 머나먼 유학길에 올랐습니다. 품안의 자식을 만리타향으로 떠나보내는, 새끼 잃은 어미의 심정······. 그날 이후, 자꾸만 딸의 방을 들여다보는 습관이 생겼습니다.

"보낸 지 얼마나 됐다고 벌써 보고 싶네……."

방에서 꼼짝하지 않고 딸을 향한 그리움을 키워가던 어느 날, 보기가 딱했는지 생전 싫은 소리 한번 하지 않던 남편이 다그치듯이 말했습니다.

"제발 이제 그만해요. 당신의 그런 무조건적인 헌신이 나나 영미를 얼마나 힘들게 하는지 몰라요?"

저 또한 부모님의 사랑을 넘치게 받은 외동딸입니다. 그래서 무조건 퍼주는 식의 가족 사랑밖에는 몰랐습니다. 결혼하면서는 오로지 남편만을 해바라기했고, 엄마가 되면서는 삶을 송두리째 딸에게 바쳤습니다.

딸을 향한 내 마음은 사랑을 넘어 집착에 가까웠지요. 그런 나를 늘 걱정하던 남편이었는데……. 딸이 유학가면서 내 집착이 점점 더 심해지자, 하루는 남편이 나를 어딘가로 데려갔습니다.

"갈 데가 있어요. 얼른 외출 준비해요."

남편이 안내한 곳은 마을에서 멀지 않은 보육원이었습니다. 아이들과 남편은 서로 익숙한 듯 반가운 얼굴로 인사했습니다. 가족에게만 충실했지 다른 누군가에게는 무관심했던 나는 그 자리가 어색했습니다. 그때였지요.

"안녕하세요, 아줌마? 저희랑 같이 놀아요. 네? 헤헤."

아이라고는 평생 딸밖에 몰랐던 나로서는 낯선 아이의 친근한 행동이 얼떨떨했습니다. 어른인 나에게 먼저 손을 내밀던 아이들의 환영 인사. 아이들의 그 초롱초롱한 눈망울에서 딸의 모습을 보았습니다.

그러면서 자연스럽게 내 마음에 아이들이 들어왔고, 딸에게만 향해 있던 사랑이 차츰 아이들에게로 옮겨 갔습니다. 주는 만큼 받는 사랑도 있다는 것을 알게 됐습니다.

"아저씨 아줌마, 자주자주 놀러오세요."

"항상 잘해주셔서 정말 감사합니다."

우리 부부가 아이들에게 받은 귀하디귀한 마음.

"여보, 아이들 정말 귀엽죠? 나 요즘, 정말 행복해요!"

보석처럼 빛나는 아이들을 만나면서 나는 일방통행식 사랑에서 벗어나, 나누는 행복을 느끼고 있습니다.

가족의 조건

결혼하고 한참이 지나도 우리 부부에게는 아이가 없었습니다. 아이 때문은 아니었지만 오래전부터 봉사를 다닌 보육원에서 처음 민준이를 만났습니다.

"엄마……."

"어, 민준아……."

민준이에게서 처음 들어보는 엄마라는 소리. 가슴에 모정이라는 두 글자가 뜨겁게

끓어올랐습니다. 그날 밤, 나는 남편을 설득했습니다.

"여보, 나 민준이한테 진짜 엄마가 되어볼까 해요."

한사코 입양을 원하지 않았던 남편.

나는 끝까지 고집을 피워 허락을 받아내긴 했지만, 남편은 끝까지 민준이를 달가워하지 않았습니다.

그런데 하필이면 그 무렵 남편이 사업에 실패했습니다.

하루 일해 하루 버는 불안한 일자리를 전전하면서 남편은 점점 더 예민해졌고, 그 불똥은 민준이에게 튀었습니다.

남편은 애꿎은 민준이를 향해 때로는 폭언에 손찌검까지 휘둘렀습니다.

"저리 가! 내 핏줄도 아닌데 내가 왜 애까지 먹여 살려야 하는 거야?"

잊을 만하면 한 번씩 아이를 데리고 나가라며 억지를 부리기도 했습니다. 고작 일곱 살짜리 아이에게 제멋대로 구는 남편을 두고 마음 같아선 떠나고 싶었습니다. 하지만 우리는 힘든 시기를 잘 넘겼고 그사이 아들은 의젓한 청년이 되었습니다.

불행은 가고 행복할 일만 남았다고 생각했습니다. 그런데 술고래 남편에게 간암이라는 판정이 내려졌지요.

"간이식 말고는 방법이 없습니다."

한 치의 망설임도 없이 아들은 제 몸을 던졌습니다.

"아버지께 제 간을 이식해 주세요."

삶이 끝나 가는 남편에게 아들이 내민 구원의 손길.

아들에게 간을 이식 받고 남편은 구사일생으로 목숨을 되찾았습니다. 부자가 나란히 누운 병실에서 겨우 정신을 차린 남편은 아들에게 물었습니다.

"왜 나한테 간을 준 거니? 너한테 잘해주지도 못한 나쁜 사람인데."

"전 아버지를 지금껏 단 한 번도 원망해 본 적이 없어요. 제게 하나뿐인 아버지이시잖아요."

가족의 조건은 사랑하는 마음인 것……. 남편은 고맙다는 말 대신 하염없이 눈물만 흘렸습니다.

하늘로 보내는 선물

꽃피는 봄날, 한 떨기 꽃 같은 여인을 만났습니다. 봄 햇살처럼 눈부시고 봄 향기처럼 향긋한 미소의 주인공.

그녀가 나의 아내가 됐을 땐 정말 꿈만 같았고, 나를 쏙 빼닮은 아들을 낳았을 땐 세상을 다 얻은 듯 행복했습니다.

가진 것에 비해 마음만큼은 부자였던 우리 가족. 그 행복을 누가 시샘한 걸까요?

하늘은 우리 부자에게서 아

내를 앗아갔습니다.

　아내는 교통사고로 봄 햇살처럼 짧은 생을 마감했고, 엄마를 잃은 날벼락에 아들은 비비 꼬여갔습니다.

　엄마 품이 한창 그리울 나이라지만 아빠로는 엄마의 빈자리를 채울 수 없는 것이었는지, 아들은 툭하면 여자아이용 액세서리를 사달라고 졸랐습니다.

　"아빠, 머리핀 사주세요. 분홍색 머리끈도 사주세요."

　여자아이들 물건에 관심을 갖는 아들의 심리도 이해할 수 없었고, 쇼핑한 다음 날이면 어김없이 흙투성이가 되어 돌아오는 아들의 행동도 마음에 들지 않았습니다.

"또 흙장난했니? 아빠가 몇 번 말했어! 옷에 흙 묻히지 말라고 했지!"

좋게 얼러도 보고 무섭게 야단도 쳐보고, 이래도 저래도 소용없던 어느 퇴근길. 놀이터에서 놀고 있던 아들을 우연히 지켜보게 됐습니다.

그런데 아들의 행동이 이상했습니다. 무슨 의식을 행하듯 깊숙이 땅을 파서 뭔가를 묻고 그 위로 다시 흙을 덮고 있던 아들. 그것은 전날 한참을 졸라, 어쩔 수 없이 사준 장난감 팔찌였습니다. 속이 부글부글 끓어올랐습니다.

"거기서 뭐하는 거야?"

아무리 철부지라도 겨우 땅에 묻으려고 그랬나 싶어, 아들에게 화가 치밀었습니다. 집에 오자마자 회초리부터 들었습니다.

"너 도대체 왜 그래? 겨우 흙장난이나 하려고 팔찌 사달라고 조른 거야?"

아들은 꺼이꺼이 울며 잘못을 빌었습니다.

"잘못했어요, 아빠. 엄마한테 선물하려고 그런 건데……. 유치원 선생님이 그랬어요. 사람도 병아리도 죽으면 땅에 묻어야 하늘나라에 간다고요. 그래서 엄마한테 보내려고 땅에 묻었던 건데…… 흑흑……."

아들의 흙장난 뒤에 감춰진 아름다운 비밀. 땅을 파서 엄마에게 선물을 보내려고 했던 어린 아들. 아들이 땅속에 묻은 것은 엄마를 향한 그리움이었습니다.

마지막 선물

시골에 사는 외할머니께서 병환이 깊어 몸져누우셨습니다. 자식들 중 누군가는 혼자 사는 노모를 책임져야 하는 형편……. 집안의 막내딸인 엄마는 맞벌이 형편상 모실 처지가 못 돼 그저 죄송한 눈물만 흘렸습니다.

할머니의 병세는 생각보다 위중했습니다. 병원에서까지 손을 놓자, 할머니는 인생의 마지막을 큰딸네서

보내셨고, 돌아가시기 하루 전날에는 막내딸인 엄마를 부쩍 찾으셨습니다.

　침통한 얼굴로 나타난 막내딸을 할머니는 구슬진 눈물로 맞으셨습니다.

　"미안하다, 막내야……. 결혼식도 못 올려주고…… 내가 진작 해줬어야 하는 건데……."

　미안하다는 말과 함께 할머니가 엄마에게 주신 건 베고 계시던 베개였습니다. 웨딩드레스 한번 입어 보지 못한 막내딸이 못내 애석해, 죽기 전 뭐라도 해주고 싶으셨던 할머니. 시댁의 반대로 겨우 혼인신고만 하고 사는 딸이, 할머니에게는 가시처럼 두고두고 가슴에 박혔던 것입니다.

　다음 날 오후 할머니는 가족의 곁을 떠났습니다.

 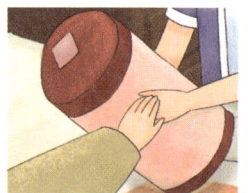 

　세상을 다 잃은 듯 꺼이꺼이 목 놓아 울던 엄마는 물 한 모금 먹지 못할 만큼 실의에 빠졌습니다.

　며칠 뒤, 우리는 할머니를 좋은 곳에 모시고 다시 큰 이모댁을 찾았습니다. 방 안에 덩그러니 남은 할머니의 베개는 엄마의 눈물샘을 자극했습니다.

　"흑흑…… 어머니……. ……어엉? 이게 뭐지?"

　잠시 후, 가슴에 꼭 끌어안은 베개 속에서 묵직한 뭔가를 발견한 엄마.

　베개 속에 고이 감춰둔 물건은 할머니가 당신 몸처럼 소중히 여기던 금붙이들이었습니다. 게다가 할아버지에게 선물 받은

  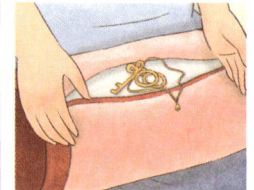

귀한 금반지까지…….

 그것은 막내딸인 엄마에게 주는 할머니의 결혼 선물이었던 것입니다. 누구도 손대지 못하게 베갯잇 속에 꽁꽁 숨겨둔 보물……. 순금처럼 영원히 변하지 않을 할머니의 사랑이었습니다.

엄마의 마지막 옷

어머니께서 눈을 감기 며칠 전, 자식들에게 가녀린 목소리로 한 가지 청을 하셨습니다.

"고운 분홍빛 잠옷이 입고 싶구나."

병고가 깊어 몸도 가누기 힘든 분이 어쩐 일로 고운 옷을 찾

는 건지 도무지 감이 오질 않았습니다. 어머니는 성품이 겸손하고 천성이 검소한 분이십니다. 워낙 겉치레를 질

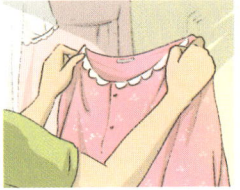

색하고 더구나 잠옷은 평생 입지 않으셨는데…….

 삶의 끝에서나마 작은 호사를 누리고픈 마음인가 싶었습니다. 노인치고는 체구가 큰 어머니에게 맞는 잠옷을 찾기가 곤혹스러웠지만, 우리는 급한 대로 분홍색 꽃 잠옷을 장만했습니다. 하지만 몇 번 입어보지도 못하고 어머니는 다시는 돌아오지 못할 먼 길을 떠나셨습니다. 병환이 깊었다고는 하지만 너무나 쉽게 가버린 어머니를 향한 그리움은 커져만 갔고, 그 허전한 마음은 어머니의 옷가지를 정리하면서 극에 달했습니다.

 "어머니…… 흑흑……."

 검소함으로 깁고 때운 어머니의 낡은 속옷들……. 그제야, 큰언니는 어머니의 마지막 유언을 전했습니다.

 "내가 허름한 옷 입고 숨을 거두면, 다들 자식들 흉볼 텐데 그러긴 싫다."

 세상을 떠나는 마지막 순간까지도 자식들의 앞날만을 걱정

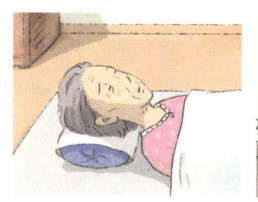  

하셨던 어머니……. 한평생, 좋은 옷이라고는 모르고 사셨고, 그나마도 식구들이 입다 버린 옷이나 펑퍼짐한 바지가 전부였지만, 어머니에게는 항상 자식이 먼저였고 자식의 행복이 우선이었습니다.

곱고 좋은 옷은 죄다 자식들에게 주어야 성에 차셨던 어머니…….

"늙은 나보다 고운 너희들이 좋은 옷을 입어야 더 예쁘지 않겠니?"

그러나 학교에 오실 때만큼은 자식들 얼굴을 생각해 한껏 단장을 하셨던 분……. 자나 깨나 앉으나 서나 자식 걱정뿐이었

던 긴긴 세월······.

 그것을 삶의 낙이고 즐거움으로 알았던 어머니에게 생의 끝을 함께한 꽃분홍 잠옷은, 자식들을 위한 어머니의 마지막 배려였습니다.

아버지와 밤나무

결혼하고 시댁에서 처음 맞은 추석 연휴 때의 일입니다. 우리 집과는 사뭇 다른 시댁의 가풍과 색다른 명절 음식들……. 모든 것이 낯설고 어색한 탓에 나는 마치 군식구가 된 듯 살살 눈치만 살피는 격이었고, 한꺼번에 몰려든 7남매 대

가족에, 누가 누군지 구별하기도 쉽지 않았습니다.

외딴섬에 놓인 듯, 남편에게 끊임없이 애원의 눈빛을 보냈건만……. 큰아주버님과 밤 깎는 데 정신이 팔려 남편은 별 호응이 없었습니다. 그러면서 눈에 들어온 것이 토실토실 영근 햇밤이었지요.

"아, 내가 좋아하는 밤이네. 맛있겠다."

그곳이 친정이었다면 벌써 몇 개는 먹어치웠을 터……. 자리가 자리이고 보니 그저 입맛만 다시며 음식 장만에 정성을 다해야 했습니다. 그토록 기다리던 달콤한 휴식 시간이 찾아오고

  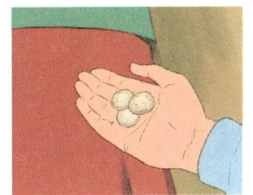

작은 방에서 잠깐 쉬고 있는데, 남편이 알밤 세 알을 들고 나타났습니다.

"많이 힘들지? 자, 이거 먹어. 당신이 좋아하는 밤이야."

"우와, 밤이다! 음냐 음냐…… 달다."

밤이란 소리에 덥석 받아먹긴 했는데 불현듯 드는 생각이, 내가 밤을 좋아하는 걸 남편은 어떻게 알았을까였습니다. 그전까지 한 번도 말한 적이 없는데 말이죠. 하지만 그 후부터 밀려드는 일거리에 의문을 풀지 못했고, 며칠 뒤 시댁을 나서면서는 큰아주버님께 밤 선물을 받게 됐습니다.

"제수씨가 생밤 좋아한대서 실한 놈들로 한 자루 담았어요."

얼결에 밤 한 자루를 받고 집으로 가는 차 안에서 나는 남편에게 물었습니다.

"당신이 아주버님한테 말한 거야? 그런데 내가 생밤 좋아하는 거 어떻게 알았어?"

192

　남편은 대답을 얼버무리는가 싶더니 이내 친정아버지 얘기를 꺼냈습니다. 우리 집에 처음 인사오던 날 마당에 있는 밤나무를 보여주며 아버지가 하셨던 말씀……. 가슴에 사무칠 만큼 약하게 태어나 안쓰러운 막내딸이 그나마 생밤으로 입맛을 찾자, 그 뒤로 온 동네 밤이란 밤은 모조리 사들여 약골 딸에게 먹이셨다는 얘기였습니다.

　"그때 당신을 위해 마당에 심은 밤나무라면서 당부하셨지. 당신 대신 딸을 부탁한다고 말이야."

　어린 딸을 먹이겠다고 손 마디마디 굳은살 배도록 매일같이 단단한 생밤을 깎으셨던 아버지…….

　아버지의 지극한 사랑에, 아버지를 닮은 남편과 큰아주버님의 배려에 가슴이 촉촉이 젖어들었습니다.

어머니의 양말

새로 시작한 사업이 잘 안돼 문을 닫아야 할 위기에 처해서 불철주야 동분서주하며 돈을 구하러 다녔습니다. 하지만 믿고 기댈 곳이라곤 어머니뿐이었습니다. 추석도 가까워지고, 나는 일말의 희망을 안고 어머니를 찾아뵀습니다.

언제나처럼 명절 선물이라며 양말 한 켤레를 꺼내시던 어머니……. 나는 거두절미하고 돈 얘기부터 꺼냈습니다.

"어머니 그게……, 저 돈이 좀 필요합니다. 이 집 팔아서 저 좀 도와주세요."

"아유, 이 집만은 안 된다. 아버지 유산인 거 너도 알잖니."

어려움에 처한 아들보다 어떻게 집이 먼저일 수 있는지……. 큰 실망감을 안고 돌아선 그날 이후, 한동안 나는 고향을 찾지 않았습니다. 혼자 힘으로 회사를 일으키고 몇 년 뒤, 한 통의 전화를 받게 됐습니다.

"나 옆집 창수 엄만데, 어머니가 많이 아프시단다."

얼마 전 밭에서 넘어지고 오랜 관절염까지 도지면서 며칠째 누워만 계신다는 어머니 소식……. 알리지 말라는 어머니의 뜻

 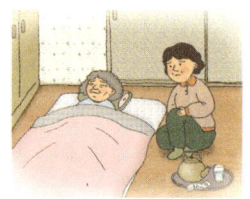 

을 꺾고 연락하셨던 거지요.

"추석도 됐고 하니 꼭 내려와."

"네, 알겠습니다."

몇 년 만에 가족과 함께 깊은 후회와 그리움으로 찾은 어머니의 집⋯⋯. 아픈 몸으로 마중을 나온 어머니를 뵙자 뼛속 깊이까지 죄송한 마음이 밀려왔습니다.

"어머니⋯⋯ 흑흑⋯⋯."

못난 자식을 다독다독 달래주시던 어머니의 따스한 손길 그리고 이어진 명절 선물⋯⋯.

"이거, 너희 가족 거다."

　그것은 어머니가 명절 때마다 챙겨주시던 양말로, 십여 켤레는 훌쩍 넘어 보였습니다.

　"너 오면 주려고 명절 때마다 하나씩 사놓은 건데, 이렇게 수북해졌구나……."

　언젠가 아들이 올 날을 기다리며 때마다 양말을 사셨다는 어머니……. 두 발이 따뜻해야, 험한 세상 씩씩하게 걸어갈 수 있다며 명절이면 양말을 선물하신 분…….

　그제야 알았습니다. 지금껏 나를 지탱해 준 것은 튼튼한 다리가 아니라 어머니의 지극한 사랑이었던 것입니다.

농사꾼 아들

 아들이 첫 직장에서 첫 월급을 탔습니다. 첫 월급 선물은 으레 속옷이라는데, 스물여섯 살 아들이 준비한 것은 싱그러운 과일과 채소였습니다.
 "어……? 어머, 이게 다 뭐야? 토마토에 파프리카, 하나같이

먹음직스럽구나."

"제가 땀과 정성으로 키운 자식 같은 녀석들이에요. 정말 싱싱하죠?"

제대하고 복학하고 드디어 졸업만을 남겨둔 아들아이……. 어미 손을 떠난 자식이지만 걱정이 남았다면, 거친 세상에서 제 밥벌이는 하고 살 수 있을지였습니다.

원예가 전공이니 그만큼 선택의 폭도 좁을 터……. 바짝 애가 타 마른 한숨만 내쉬던 어느 날, 교수님의 추천으로 아들은 취직이 됐습니다.

우수 영농인들과 논산시가 자본을 모아 세운 영농회사. 유리온실에서 과일과 채소를 수경 재배하는 선진국형 농법을 배울 수 있는 더없이 좋은 기회였습니다. 대형 마트와 시장과도 탄탄한 유통망을 구축하고 있어 여러모로 전망 있는 자리였고요.

공부와는 담쌓은 아들이 적성에 맞는 일을 찾자, 무뚝뚝한 남

편의 입에서도 기쁨의 찬사가 쏟아졌습니다.

"아들, 축하한다. 당신도 그동안 고생했어요."

그만큼 아들의 취업은 우리 집의 대경사였지요. 학창시절 내내 전교 꼴찌를 다투며 속을 썩일 때도 있었지만, 아들은 부모의 믿음을 끝까지 저버리지 않았습니다.

어릴 때부터 흙을 좋아해 땅의 아들이 되겠다던 아들. 제가 나고 자란 땅에서 그 꿈을 일구고 있는 아들은 중노동에 가까운 밭일에도 불평 한번 없이 알토란 같은 경험을 쌓아가고 있습니다.

서툴지만 애착과 열정을 가지고 새 삶을 경작 중인 아들…….

"아버지 어머니……. 저 더 열심히 해서 꼭 좋은 시설 원예 전문가가 되겠습니다."

아들의 평생 농사는 지금부터 시작입니다. 길고 험한 기다림이 되겠지만, 최선을 다하면 반드시 풍년은 올 것입니다.

어머니는 여행 중

2년 전, 어머니가 치매라는 사실을 알았습니다. 가족 중 누군가는 어머니를 돌봐야 하는 형편. 나는 직장을 그만두고 오로지 어머니 곁을 지켜야 했습니다. 그렇지 않아도 감당해야 하는 삶의 무게가 너무 버거운데……. 병에 걸린 뒤로, 어머니는 툭하면 제주도 타령을 하셨습니다.

"어우 엄마, 몸도 안 좋으신데 어떻게 제주도를 가요? 제발 좀 그만하세요, 네?"

아무리 기억을 많이 잃었다곤 하지만, 제주도에 보내달라며 아이처럼 떼쓰는 어머니가 야속한 생각마저 들었습니다.

당장 병원비며 생활비도 빠듯한 처지……. 아무리 얘기해도 이해하실 턱이 없는 아픈 어머니를 붙잡고 줄다리기해봤자 번번이 내 마음만 아팠습니다.

그러던 어느 날, 어머니의 잠꼬대를 듣게 됐습니다.

"제주도 참말로 좋네요, 좋아."

그제야 아버지께서 옛 기억을 더듬어내셨습니다.

"아무래도 네 엄마가 결혼하고 간 첫 여행을 잊지 못하는 거 같구나. 그때, 약속했는데……."

겨우 혼인신고만 하고 살다가 살림이 조금 피기 시작할 때, 뒤늦게 제주도로 다녀온 신혼여행…….

어머니는 그 추억을 보석처럼 가슴에 품고 금이야 옥이야 하며 지켜왔던 것입니다.

그로부터 며칠 뒤, 나는 아버지와 어머니를 모시고 제주도로 떠났습니다.

내일 당장 쌀독이 텅텅 빈다 해도 어머니의 간절한 소망을 이루어드리고 싶었고, 아버지와의 한 조각 남은 기억을 지켜드리고 싶었습니다.

"옛날 생각이 나는구나……. 그때 네 아빠와 여기서 참 행복했는데……."

어머니는 지금, 뿌연 세상 속에서 많은 것을 잊은 채 길을 헤

매고 계십니다.

하지만 어머니에게는 확실한 이정표가 있습니다.

그것은 아버지와 나눈 아름다운 사랑입니다.

잊지 못할 편지

고향을 떠나 객지 생활을 하면서 내가 가장 힘들었던 점은 부모님과 연락하기가 쉽지 않다는 것이었습니다.

이장님 댁에만 전화기가 있던 시절이라 부모님 목소리를 듣고 싶으면 어김없이 이장님 손을 거쳐야 했기 때문이었습니다.

"아, 아, 마이크 시험 중! 아, 아······. 서울 사는 옥림이한테 전화 왔으니, 옥림 아버지는 속히 오시오!"

그때마다 아버지는 밭일도 하시다 말고 달려와, 숨찬 목소리로 전화를 받곤 하셨습니다.

"헉헉…… 여보세요? 아이고…… 그래, 나다. 전화 요금 많이 나온다. 편지해라."

숨 고를 틈도 없이 전화 요금부터 걱정하시는 부모님과의 통화는 항상 싱겁고 아쉽게 끝났습니다.

대신, 때마다 보내주시는 편지가 부모님 소식을 알 수 있는 유일한 창구였습니다.

"옥림아, 때맞춰 비가 와서 모가 쑥쑥 크고 있단다. 고추 농사가 잘돼 보기만 해도 배부르단다. 휴가 때 오면 좋아하는 옥수수 쪄주마."

아버지의 편지 중간에는 항상 '지금부터 엄마가 하는 말이다' 로 시작하는 한마디가 덧붙었습니다.

"밥은 잘 먹고 다니지? 아픈 데는 없고?"

아버지는 늘 그렇게 편지 중간에 글을 모르는 어머니의 마음을 담아 보내셨습니다.

그런데 가을로 접어들면서 아버지의 편지가 뜸했습니다. 바쁜 농사철이라 그런 듯싶어 하루를 일 년같이 기다리고 기다리던 어느 눈 내리던 겨울, 아버지의 반가운 서신을 받았습니다. 이런저런 집안 소식들로 가득한 아버지의 편지에는 언제나 그렇듯 어머니의 안부 말씀이 담겨 있었습니다.

"밥은 잘 먹고 다니지? 아픈 데는 없고?"

늘 하시던 말씀인데 어딘가 모르게 달라진 글씨에서 눈을 뗄 수가 없었습니다.

이리 뻗치고 저리 뻗친 못난 글씨. 손수 편지를 쓰기 위해 몇 달 동안 한글을 공부하신 어머니 글씨였습니다.

뻐근해진 가슴을 애써 누르고 나는 답장을 써내려 갔지요. 석 장이나 되는 내 편지를 다른 사람의 입을 통해서가 아닌 당신 눈으로 직접 읽으며 울고 또 우셨다는 어머니…….

전화기가 흔하지 않아 한 통의 편지가 그리움의 전부였던 시절, 달이 한 번씩 바뀔 때마다 두 줄 세 줄로 늘어나던 어머니의 편지는 그 후로도 오랫동안 내 삶의 행복이었습니다.

나누는 사랑이란 빛과 소금처럼 인생에서 누릴 수 있는 귀한 마음입니다.
내가 가슴으로 낳은 아이들이 나고 자란 생명의 땅, 사랑의고향.
그곳은 바로 아프리카입니다.

…함께한 날들이
　소중합니다

아름다운 여덟 손가락

 사고가 난 건 몸서리치게 추운 어느 겨울이었습니다. 나는 중학교를 졸업하고 공장에 취직해 남동생의 학비를 벌고 있었지요. 그날도 늦은 밤까지 졸음을 쫓아가며 공장에서 일을 하다가 잠깐 방심하는 사이,

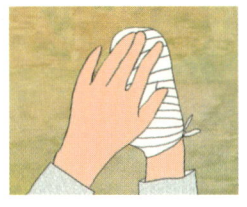  

"아함 피곤해…… 으악, 내 손!"

오른손이 기계에 말려 들어가면서 검지와 중지가 잘려 나갔습니다. 그 사고로 결혼을 약속한 남자가 떠났고, 온통 잿빛으로 얼룩진 하루하루를 덧없이 보내며 나는 불행의 화살을 모두 가족에게 돌렸습니다.

"다 보기 싫어! 나가, 나가란 말이야! 공장에만 다니지 않았어도……."

오랜 친구는 못쓰게 망가져 가는 나를 어떻게든 예전 모습으로 돌려놓고 싶어 했습니다.

"우리 가게 일 좀 도와줘. 나 혼자서는 힘들어서……."

말로는 도와달라고 했지만 순전히 나를 위한 자리……. 몇 번을 거절해도 끈덕지게 매달리는 친구의 우정은 결국 옷가게에서의 새로운 삶으로 내 마음을 움직였습니다. 자꾸 웃다 보면 좋은 일이 생길 거라는 친구의 격려는, 울음 마를 날이 없던 내게 잃었던 웃음을 되찾아주었습니다.

그러던 어느 봄날, 가게로 한 남자가 찾아왔습니다.

"저랑 같이 꽃놀이에 가주실래요?"

단골손님의 갑작스러운 데이트 신청.

"제가 왜 그쪽하고 꽃놀이를 가야 하죠?"

겨울바람보다 차가운 내 반응에 남자는 무안했는지, 말 한마디 못하고 돌아갔습니다. 그러더니 하루는 쪽지 한 장 달랑 건네고 서둘러 자리를 떴지요.

"전 그쪽이 마음에 듭니다. 제 데이트 신청을 받아주세요."

며칠 뒤 대답을 듣기 위해 그가 다시 찾아왔을 때, 나는 냉정하게 뿌리쳤습니다. 그 앞에 다친 오른손을 보란 듯 펼쳐 보이기까지 했고요.

"자, 보세요. 이 손을 보고도 절 만나고 싶은가요?"

"그래서요? 당신을 좋아하는데 손이 상관있나요?"

단 한마디로 얼음장 풀리듯 내 마음을 녹인 단 한 사람…….

그 사랑을 모른 척하기란 이제 내게도 어려운 일이었습니다. 그 후, 우리는 연인이 됐습니다.

"그 손, 부끄러워하지 말아요. 동생 공부시킨 자랑스럽고 훌륭한 손이잖아요."

그렇게 해서 늘 죄인처럼 주머니 속에 갇혀 지냈던 내 오른손은 다시 세상 빛을 보게 됐습니다. 나는 손가락이 여덟 개뿐입니다. 하지만 그가 곁에 있는 한 나는 부족함 없는 여자입니다.

분수로 나눔을 배워요

아침 하늘이 금방이라도 비를 뿌릴 것 같은 어느 1교시 수업 시간. 반 아이들이 젖은 빨래처럼 힘없이 축 늘어져 있었습니다. 그리고 2교시 수학시간……. 오늘은 4학년 학생들이 가장 어려워하는 분수를 배우는 날.

어떤 풍경이 펼쳐질지 눈에 선했습니다. 아이들은 자리에 앉아 꾸벅꾸벅 졸거나, 몸을 배배 꼬지 않으면 딴짓을 할 게 뻔하고……. 그런 모습에 나는 부글부

글 속을 끓일 테고……. 아이들이 지루해하지 않으면서 즐겁게 수업할 수 있는 방법을 고심하던 중 사물함 속 초코파이가 떠올랐습니다. 생각대로, 먹을 것을 보자 반쯤 감겨 있던 아이들의 눈이 반짝거렸습니다.

"선생님, 그거 초코파이죠? 저 주세요!"

나는 때를 놓칠세라 얼른 질문을 시작했습니다.

"여러분, 초코파이가 몇 개죠?"

"한 개요. 근데 그거 저 주실 거예요?"

너도나도 손을 들고 초코파이를 달라고 아우성쳤습니다.

"자, 보세요. 선생님이 이걸 네 조각으로 잘라 한 개를 먹으면 몇 개를 먹은 걸까요?"

"4분의 1이요."

대답을 듣고 파이를 반으로 자르자 교실은 갑자기 소란해졌습니다.

"선생님, 자르지 마세요. 그럼 작아지잖아요."

먹구름처럼 잔뜩 흐려 있던 아이들 얼굴에 생기가 돌자 나는 분수에 대해 설명했습니다.

"분수는 많이 나눌수록 한 부분의 크기는 어떻게 되죠?"

"작아져요."

"맞아요. 둘이 나눠 먹는 것보다 넷이 나눠 먹는 게 작아지겠죠?"

그때 한 아이가 손을 들며 큰 소리로 외쳤습니다.

"하지만 선생님, 많이 나누면 제가 먹는 양은 줄어도 대신 더 많은 친구들이 먹을 수 있잖아요."

친구의 근사한 한마디에 아이들은 한마음이 되어 목소리를 높였습니다.

"선생님 그럼 더 많이 나눠주세요. 더 많이 나눠먹게요! 헤헤헤……."

분수의 원리를 배우면서 나눔의 기쁨을 알게 된 아이들……. 공부 속에 숨겨진 삶의 지혜에 아이들의 맑은 눈망울이 보석처럼 빛났습니다.

사라진 호박죽

얼마 전, 고향의 따사로운 햇살을 먹고 자란 노란 호박으로 호박죽을 만들었습니다. 손까지 다쳐가며 단단한 호박 껍질을 벗긴 보람이 있었는지, 아들은 호박죽 두 그릇을 그  자리에서 뚝딱 해치웠습니다. 아들은 학원에 가면서까지 신신당부했습니다. 제 것을 꼭 남겨두라고 말이지요. 마침 볼일이 있

어 나도 바로 외출했습니다. 서너 시간 뒤에나 집에 왔을 때, 냄비 뚜껑을 열어보고 깜짝 놀라 내 눈을 의심했습니다.

"어머! 아니, 그 많던 호박죽이 다 어디 갔지?"

호박죽에 발이 달린 것도 아니고……. 하늘로 솟았나, 땅으로 꺼졌나? 감쪽같이 사라진 호박죽의 행방을 찾아 남편에게 전화했습니다. 남편은 그 시간에 집에 있던 유일한 사람이지요.

"여보, 호박죽 어쨌어요?"

"어? 아…… 그거, 그게 말이지 내가 다 먹었어."

그 황당한 변명에 화가 나서 전화를 확 끊어버렸습니다. 남편은 호박죽을 좋아하지 않지요. 그런 사람이 한 솥이나 되는 양을 설마 다 먹었을 리가요.

역시, 귀가한 남편의 손

에는 커다란 냄비가 들려 있었습니다. 남편도 안 되겠는지 순순히 자백했습니다.

"어어, 여보. 실은 지난번에 아파서 병원에 입원한 이웃집 아저씨한테 갖다드렸어."

남편이 말하는 아저씨는 과일 노점상을 하는 이웃입니다. 며칠 전 트럭을 도둑맞고 그만 병이 나신 분이지요. 실의에 빠져 술만 먹던 아저씨를 나도 몇 번 본 적이 있는데, 아파트 화단 의자에 멍하니 앉아 있는 모습이 딱하긴 했지만 딱 거기까지였습니다.

하지만 남편은 달랐습니다. 측은한 마음이 발동하면서 돌봐

줄 가족도 없는 아저씨에게 호박죽을 가져다드렸던 것이지요. 그러다 큰 병이라도 나면 더 큰일이라면서 말이지요.

"뱃속이라도 든든해야 병이 나으실 거 아냐……."

사정은 묻지도 않고 무턱대고 화를 낸 게 미안했습니다. 그래도 손까지 다쳐가며 만든 호박죽이 아픈 이웃의 마음을 어루만져 주었다고 생각하니 가슴이 뿌듯했지요.

어려운 이웃을 위해 가진 것을 나누는, 호박죽처럼 달콤한 즐거움……. 인정 많은 남편 덕에 나는, 주는 기쁨이 무엇인지 배웠습니다.

휠체어 사랑

지금으로부터 십여 년 전 여름 경기도 고양시에 있는 어느 육군 부대에서 캔 음료 따개 모으기 운동이 펼쳐졌습니다.

"그 얘기 들었어? 캔 음료 따개 1만 개를 모아오면 휠체어를 준다는데?"

"우와, 정말? 그럼 지금부터 열심히 모아서 명현 학교에 선물하자!"

 장병 300여 명이 휠체어 하나에 집착하는 목적……. 그것은 부대의 자매결연 학교인 명현 특수학교의 아이들 때문이었습니다.

 "휠체어가 생기면 아이들이 좋아하겠지?"

 "그야 당연하지! 히히히, 상상만으로도 뿌듯하다."

 휠체어를 얻게 되는 그날을 꿈꾸며 장병들은 열심히 캔 음료 따개를 모았고, 하나라도 더 모으기 위해서 꼭 캔 음료만 사먹었습니다.

 장병들 주머니를 두둑이 채운 것이 캔 음료 따개일 정도니, 그 대단한 열의와 노력에 1만 개의 꿈은 금방 이루어졌습니다. 정확히 열 달 뒤, 목표치를 달성했던 것입니다. 수북이 쌓인 캔 음료 따개를 세는 목소리가 날아갈 듯 경쾌했습니다.

 "9천 980개, 9천 990개, 1만 개……. 이야, 드디어 다 모았다!"

 장병들은 들뜬 마음으로 휠체어를 준다는 단체에 연락을 했

습니다. 그런데 예상치 못한 대답이 돌아왔습니다.

"그 일로 저희도 많이 당황스럽습니다. 그게 근거 없는 소문이라서요."

믿을 수 없는 소식을 전해 들은 장병들은 크게 상심했습니다.

"에휴……."

그 일은 안타까운 소문이 되어 휠체어를 판매하고 있는 곽동권 씨의 귀에까지 들어갔습니다.

"장병들의 수고와 정성을 물거품으로 만들 수는 없지. 그 순수한 뜻을 이루도록 도와주자."

장병들의 마음을 높이 산 그는 휠체어 기증의 뜻을 전했습니다. 좋은 일은 겹겹으로 들어온다고, 장애인 복지 공판장에서도 구입비를 후원했지요. 며칠 뒤, 군부대를 찾은 곽동권 씨는 장병들과의 약속을 지켰습니다.

"비록 휠체어 한 대지만, 여러분의 온정이 헛되지 않았으면

하는 바람입니다."

"고맙습니다. 정말 고맙습니다."

1만 개의 정성이 거둔 사랑의 결실……. 그것은 사람들의 마음을 하나로 묶어놓았고, 명현 학교 아이들에게는 희망의 다리가 되었습니다.

목욕탕에서 찾은 희망

몸도 찌뿌드드하고 해서 친구들과 대중목욕탕에 갔을 때의 일입니다. 친구들보다 일찍 목욕을 마치고 선풍기 앞에서 머리를 말리고 있던 중, 기이한 풍경이 내 시선을 사로잡았습니다. 연로한 할아버지에게 옷을 입히며 몇 번씩 같은 질문을 해대는 두 사람…….

"할아버지, 존함이 어떻게 되세요?"

"가족이랑 같이 안 오셨

어요? 혼자 오신 거예요?"

그들은 이것저것 캐물으면서 할아버지가 입고 계신 윗옷에서 지갑을 꺼내기도 했습니다.

"할아버지, 말씀 좀 해보세요."

아무리 봐도 수상했습니다. 탈의실에는 고개 숙여 발톱을 깎는 청년과 그들 세 사람, 그리고 나뿐이었습니다. 그러니 대놓

고 쳐다보기도 뭐하고 힐끔거리며 상황을 주시했지요.

'설마! 할아버지 지갑에서 돈을 훔치고 집까지 알아내서 뭔 짓을 하려고? 흠……'

알량한 정의감이 불타 올랐습니다. 위기에 처한 할아버지를 구해야 한다는 생각에 그들 주위를 얼쩡거렸습니다. 바지가 벗겨진 할아버지 곁에서 심각한 얼굴로 전화를 걸던 한 남자, 그 옆에서 바지가 없어 큰일이라며 발을 동동거리던 또 다른 남

자. 불안한 표정의 두 사람은 이내 안도의 한숨을 내쉬었습니다. 그중 한 남자는 바지를 구해 오겠다며 밖으로 나갔습니다. 이때다 싶어, 얼른 다른 한 명에게 다가가 시치미를 뚝 떼고 물었습니다.

"왜 그런대요? 할아버지한테 무슨 문제 있어요?"

남자는 검은 봉지 안에 젖은 바지를 가리키며 말했습니다.

"할아버지께서 길을 가다가 옷에 실례를 하신 모양이에요."

"그래서 목욕탕에 오신 거 같은데 많이 놀라셨는지, 말도 제대로 못하시더라고요. 저희가 씻겨 드리긴 했는데 당장 입을

 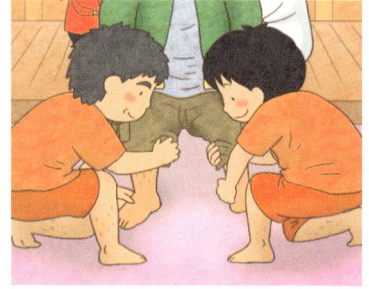

바지도 없고 댁도 모르고……. 그런데 여기저기 연락한 끝에 다행히, 집에 계신 할머니와 방금 연락이 됐네요, 허허허."

목욕탕에 구비된 반바지라도 입혀서 할아버지를 댁까지 모셔다 드릴 거라고 남자는 얘기했습니다. 할아버지의 옷에서 지갑을 꺼낸 것도 연락처를 알아내기 위한 행동이었던 거지요. 아름다운 마음에 도움을 주진 못해도 의심은 하지 말았어야 했는데……. 쥐구멍에라도 숨고 싶은 심정이었습니다.

누가 시킨 일도 아니었고, 누가 알아주는 일도 아니었습니다. 그들은 단지 좋은 마음으로 어려움에 처한 할아버지를 도와드렸던 것입니다. 목욕탕에서 만난 이웃의 따뜻한 정이 몸과 마음을 산뜻하고 훈훈하게 감싸주었습니다.

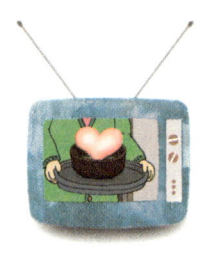

매생이 떡국

십 년 전 어느 겨울, 남편이 두 달 동안 지방 출장을 가게 됐습니다. 태어날 아기를 위해 한 푼이라도 더 벌기 위한 결정이었지요. 손바닥 만 한 방에 혼자 남아, 나는 심한 입덧으로 물 한 모금도 넘기지 못했습니다. 주인집에선 툭하면 잔치가 열려 내 신경은 더 예민해져 있었습니다.

"아, 시끄러워……. 도대체 주인집에선 뭘 하기에 매번 동

네 사람들이 이렇게 모이는 거야? 정말 아휴…….”

그 무렵, 손에 든 돈도 없고 보일러 기름까지 바닥이 나면서 영락없이 헐벗고 굶주린 신세가 되었습니다. 그사이 주인아주머니가 공과금을 받으러 몇 번을 왔다 가셨지만 돈이 없어 일부러 없는 척 숨어 지냈습니다.

"새댁, 안에 있어? 새댁? 며칠째 기척도 없고 어디 갔나?"

세입자들에게 툭하면 절약을 부르짖는 인색한 주인아주머니와 마주치는 일이 고역이었기 때문이었습니다. 하지만 아주머니는 하루도 거르지 않고 찾아왔고, 언제고 들을 잔소리 짧게 듣고 싶어 문을 열어드렸습니다.

"정말 죄송해요. 당장은 돈이 없어서…… 밀린 공과금은 남편이 오는 대로 드릴게요."

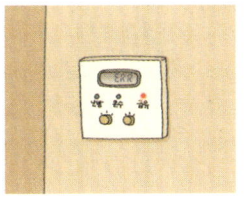

함께한 날들이 소중합니다 · 233

그런데 아주머니는 내 얘기는 듣는 둥 마는 둥, 얼음장 같은 방을 손으로 짚으셨습니다.

"방이 왜 이렇게 차……? 홑몸도 아니면서……. 아휴, 얼굴도 해쓱해진 거 보게……. 안 되겠다, 나 잠깐 집에 다녀올게."

그러고는 잠시 뒤, 아주머니는 음식을 들고 오셨습니다.

"이거 매생이 떡국이야. 부드러워서 먹기 좋을 거야……."

바다향이 물씬 풍기는 따끈따끈한 매생이 떡국……. 처음 먹어보는 희귀한 음식 맛에 홀딱 반한 나는, 순식간에 한 그릇을 뚝딱 해치웠습니다. 잔뜩 부른 배를 두드리며 빈 그릇을 들고 주인집에 갔을 때, 나는 두 눈을 의심했습니다. 그곳에서는 나

처럼 형편이 어려운 동네 어르신들이며 결손가정 아이들이 떡국을 먹고 있었기 때문이었지요. 그동안 주인집에서 들려왔던 시끌벅적한 소리가 그저 놀고먹고 떠드는 사람들의 수다가 아니었던 것입니다. 그 모임은 주인아주머니가 어려운 이웃들에게 식사를 베푸는 나눔의 자리였던 거지요.

 남편과 떨어져 혼자 몸 고생 마음고생하는 나에게도 매생이 떡국을 끓여주신 주인아주머니……. 아주머니에게 받은 따뜻한 정은 내 생애 최고의 보약이었습니다.

따뜻한 연탄 나르기

지난 주말, 중학교 2학년인 딸이 연탄 나르기 봉사를 다녀왔습니다. 이웃 학교 학생들과 함께한 이웃사랑의 실천 현장……. 어린 학생들이 어려운 이웃을 위해 소매를 걷어붙인

기특한 자리였지요. 해가 달로 바뀐 늦은 저녁에야 집에 돌아온 딸아이는, 얼굴은 숯검정에 몸은 녹초였습니다. 그런데도 뭐가 그렇게 좋은지 연신 생글생글 웃기만 했습니다.

"다녀왔습니다, 엄마. 헤헤……."

"어머, 얼굴 좀 봐. 이러고 집에 온 거야? 깨끗이 씻고 오지 그랬어!"

딸의 설명인즉, 100여 명이 넘는 학생들이 한꺼번에 물을 쓰기도 미안하고 마땅한 장소도 없어 그냥 왔다는 것이었습니다.

"그래서 선생님이 주신 물휴지로 대충 손만 닦고 왔어요."

딸은 깔끔쟁이의 대명사입니다. 그런 딸아이가 시커먼 얼굴

로 버스를 두 번이나 갈아타고 왔다는 게 신기했습니다. 사람들이 쳐다봤을 텐데 부끄럽지 않았냐고 묻자 딸은 태연히 대답했습니다.

"전혀요. 하나도 안 창피했어요. 다른 때 같았으면 이런 얼굴로 절대 못 다녔을 텐데, 오늘은 기분 좋았어요. 실은요, 얼마 전엔 그 반대를 경험했거든요."

학교에서 점심을 먹다가 하얀 교복 블라우스에 빨간 김칫국물을 흘렸다는 딸아이……. 집에 오는 내내, 누가 쳐다볼까 봐 걱정이 돼서 진땀을 뺐다고 했습니다.

"그런데 오늘은 숨기고 싶지 않았어요. 사람들이 힐끔거려

도 아무렇지 않았고요. 오히려 뿌듯하던걸요."

한나절 힘들게 연탄을 나르고 와서도 행복에 겨운 웃음을 짓는 딸의 모습이, 그 어떤 명화보다도 눈부시게 아름다웠습니다. 엄마로서가 아닌 인생 선배로서 딸에게 박수를 보내고 싶은 마음이었지요. 비록 짧은 체험이었지만 딸은 어려운 이웃들

에게 눈을 돌리게 됐고, 손과 발로 실천하는 나눔의 기쁨을 깨달았습니다.

연탄 나르기를 통해 마음의 키가 한 뼘쯤 자랐을 딸아이……. 그 사랑, 매일매일 쑥쑥 자라도록 영원히 변치 않게 지켜줄 것입니다.

고마워요, 시골 인심

대학을 휴학하고 취직한 지 일 년 만에 나는 직장을 나와 곧장 여행길에 올랐습니다. 튼튼한 두 다리와 젊음을 밑천으로 땅끝 마을 해남에서 출발해 강원도를 향해 줄기차게

행진해야 하는 나 자신과의 싸움……. 그런데 첫날부터 고생문이 열렸습니다. 비가 억수같이 퍼붓고, 오랜 걸음으로

다리는 힘이 풀리고, 허기진 뱃속은 꼬르륵꼬르륵 아우성치고……. 그때 내게 온정의 손길을 뻗은 분이 길을 가던 트럭 아저씨였습니다. 가는 곳까지 태워주겠다고 했지만 나는 정중히 거절했습니다. 자꾸 편한 것에 익숙해지면 언제 끝날지 모를 불굴의 대장정을 무사히 끝마칠 수 없을지 모르니까요. 그런데 빗길을 걸은 지 얼마 지나지 않아서, 트럭 아저씨를 다시 만나게 됐습니다.

"비가 너무 많이 와서, 걱정이 돼 갈 수가 있어야지……."

얼굴도 모르는 여행객이 걱정돼 트럭을 세우고 망부석처럼 기다리셨던 아저씨……. 그것을 시작으로, 시골 인심의 세계로 떠나는 나의 유쾌한 여행은 계속됐습니다. 길가 상인 분들에

게는 탱글탱글한 포도며 시원한 커피를 거저 받아 마른 목을 축였고, 소담한 식당에서 베푼 진수성찬으로는 허기진 배를 채웠습니다.

"우와, 헤헤헤……."

"학생, 밥은 얼마든지 있으니 많이 먹어요."

딸 같은 생각에 밥값을 마다하시던 아주머니, 농촌을 지날 때면 새참 먹고 가라며 정겹게 부르시던 어르신들……. 어느 민박집 주인은 숙박비도 깎아주고, 저녁 밥상에도 불러주고……. 심지어 먼 길 떠나는 여행객을 위한 도시락까지 챙겨주셨습니다.

"길 조심 물 조심하고 밥 굶지 말고, 알았쟈?"

어느새 나는 누구누구의 딸이 아닌 세상 모든 아버지 어머니의 자식이 돼가고 있었던 거지요. 전라도와 충청도를 거슬러 강원도에서 마친 40일간의 배낭여행……. 세월이 지난들 어찌 잊을까요, 순박한 어르신들의 서글서글한 눈빛을……. 내 손을 잡아주시던 자글자글한 손길의 따스함을…….

내가 느낀 시골풍 인심은, 그 감촉이 봄날의 훈풍처럼 푸근하고 따스했습니다.

고마운 젊은이

말만 들어도 등골이 오싹해지는 한마디, '정리해고'의 칼바람에서 저라고 피해갈 수 없었습니다. 평생 한 회사밖에 모르고 살아온 한 우물 인생……. 정년을 몇 년 앞둔 시점에서 두 손이 잘려 나간 기분이었습니다. 거친 세상에서 살아남기 위한 특별한 기술도 없고, 어디든 나를 받아주는 곳만 있다면 뭐든 열심히 해 보고 싶었습니다.

"제과점 배달 기사? 이거 괜찮겠다……."

나는 굳은 의지를 갖고 한 제과점을 찾았습니다. 사장은 40대 초반으로 20대 청년과 나를 두고 면접을 치렀습니다.

"아, 저보다 연세가 한참 많으시네요."

자신의 큰 형님쯤 되는 나이 든 사람을 고용하기가 꺼려졌는지 그는 20대 청년에게 관심을 보였습니다.

"으음…… 험험."

"학생은 배달 경험이 없네요. 그래도 젊으니까 부담스러운 일은 아닐 거예요."

막다른 골목에서 겨우 얻은 기회를 눈앞에서 놓칠 수 없었습니다. 지푸라기라도 잡는 심정으로 나는 이 자리에 오기까지 구구절절한 사연을 털어놨습니다.

"실은, 얼마 전에 제가 정리해고 됐습니다. 막내딸이 이제 대학생인데, 다른 건 몰라도 아버지로서 딸애 졸업 때까지는 지켜주고 싶어서 굳은 마음으로 여기에 나왔습니다."

옆에서 끝까지 경청하던 청년은 내 얘기가 끝나자 사장을 향해 정중히 부탁했습니다.

"제가 아르바이트를 포기하겠습니다. 저는 아직 젊어서 일할

곳이 많지만 이분은 아무래도 쉽지 않을 겁니다. 제가 양보할 테니까 부디, 이분을 뽑아주세요."

할 말을 다한 청년은 자리에서 일어나 인사하고 그대로 가게를 나갔습니다. 청년의 듬직한 행동은 사장의 마음을 움직였습니다.

"내일부터 나와서 일해 주세요."

"음……, 네에……."

마음 따뜻한 청년의 양보로 새 출발을 하게 된 새로운 직장……. 말로는 기회가 많다고 했지만 청년에게도 절박한 자리였을 겁니다. 그런데도 청년은 자기 몫을 양보하면서까지 남의 처지를 생각했습니다.

다시 일할 수 있다는 기쁨에, 어린 청년이 준 희망까지……. 새 삶을 열 수 있게 자신감을 채워준 내 삶의 선물이었습니다.

이웃집의 비명

"으악……!"

밤이면 밤마다 옆집에서 들려오는 여자의 신음 소리……. 분명 고통에서 허우적대는 목소리였습니다. 새로 이사한 아파트에서 가정 폭력의 주인공과 마주친 건 엘리베이터에서였습니다. 옆집 아저씨의 인상은 어딘지 모르게

섬뜩했습니다. 표정 없는 초췌한 얼굴, 나무토막 같은 단단한 팔뚝…….

"저 손으로 자기 아내를…… 윽…….''

아직 한 번도 본 적 없는 옆집 아줌마지만, 멍든 몸 때문에 외출도 못하는 그 사정이 딱하게 다가왔습니다. 그리고 며칠 뒤, 이번에는 옆집 아이를 보게 됐습니다.

"안녕, 너 102호 아이지? 난 옆집 아줌만데…… 혹시 엄마 많이 아프시니?"

아이도 뭔가에 단단히 지쳤는지 고개만 끄덕일 뿐이었습니다. 아빠에게 시달리는 엄마를 보면서 상처받고 주눅이 든 것

함께한 날들이 소중합니다 • 249

은 아닐까……. 이웃으로서, 같은 여자로서 더 이상 두고 볼 수가 없었습니다.

"그래. 내가 신고하는 거야."

고통받는 엄마와 아이를 구하자는 사명감에 집으로 향하는데, 마침 옆집 현관문이 열려 있었습니다. 그리고 안에서 경비원 아저씨의 목소리가 들렸습니다.

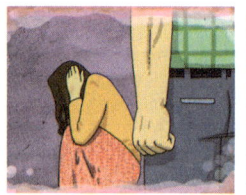  

"택배 온 거 여기 놓고 갈게요! 몸조리 잘하시고요. 몸은 아프지만 얼마나 든든합니까. 요즘 세상에 바깥양반 같은 남편도 흔치 않지요."

나중에 안 사연이지만, 몇 년째 외출도 못할 만큼 옆집 아줌마는 교통사고로 몸을 심하게 다쳤다고 했습니다. 그 바람에 안팎으로 아내의 자리를 대신했던 남편은 그사이 물리치료까지 배워 아픈 아내를 돌보고 있었습니다.

　밤마다 쏟아지던 여자의 비명……. 그것은 남편의 고마운 손길에 대한 아내의 답례였던 거지요. 그렇게 매일 밤, 아파트 가득 울려 퍼진 건 부부의 아름다운 사랑이었습니다.

달려라 또순이 아줌마

새벽 어스름이 채 걷히기 전, 이른 시간부터 부산의 어느 골목골목을 누비는 바쁜 발걸음이 있었습니다.

일 년 열두 달에서 하루도 빼지 않고 새벽을 깨우는 그녀는

우유배달 경력 12년째인 배금향 씨입니다.

마을에서 그녀는 또순이 아줌마로 통합니다. 어려운 사람을 보면 자기 주머니가 비었든 말든 우선 돕고 보는 봉사 아줌마 배금향 씨……. 매일 동네를 누비는 우유배달은 이웃의 삶을 들여다보게 해준 망원경이었습니다.

어느 집 아이가 배고프고 어느 집 어르신이 외로운지 알게 되면서 시작한 우유 나눔……. 비록 우유 한 개의 사랑이지만 그 여파는 대단했습니다. 사람들은 그녀의 친절에 따스함을 느꼈고, 함께 좋은 일을 하면서 뜻을 같이하자는 나눔의 동반자도 나타났습니다.

"좋은 일 혼자하지 말고 나랑 같이 합시다!"

이웃에 사는 어르신과 의기투합해 본격적으로

이루어진 지난 9년의 시간……. 명절이면 소외된 이웃을 찾아가 쌀과 반찬을 전달했고, 생활체육교실에서는 무료 운동 봉사에 참여하고, 외로운 어르신들에게 말벗도 돼드리고 딸처럼 나들이에도 동행했습니다.

"정말 고맙네, 고마워……."

그녀가 말하는 봉사의 뿌리는 진심 어린 사랑입니다.

마을 곳곳에 봉사의 의미를 전하고 있는 배금향 씨…….

"사랑은 돌고 도는 거예요. 사랑을 주는 만큼 기쁨도 행복도 더 커지는 거예요."

이웃의 도움으로 우유배달을 할 수 있던 지난날이 오늘의 자

신을 만들었다고 말하는 겸손한 그녀……. 또순이 아줌마 배금향 씨는 오늘도 우유 한 통에서 전해지는 나눔의 참맛을 배달하고 있습니다.

비 오던 날의 미소

먹구름이 가득한 하늘에서 한바탕 비가 퍼붓던 어느 날이었습니다. 비를 피해 사람들이 하나둘 은행으로 몰려들고……. 그렇지 않아도 입사 일 년 차로 업무에 익숙치 않아 고

생하는 내게 한 남자 고객이 다가왔습니다.

"저…… 9천 원을 찾고 싶습니다."

그는 몽골 사람으로, 어눌한 말투에 간절함이 묻어났습니다. 하지만 도와줄 수가 없었습니다. 그에게는 9천 2백 원이 든 현금카드 뿐, 만 원 이하의 돈은 통장 없이 출금이 불가능했습니다. 난감해서 어쩔 줄 몰라 하는 그를 뒤로하고 나는 다음 고객의 일을 도왔지만, 오도 가도 못하고 은행 입구에서 한참을 서성이던 그를 모른 척할 순 없었습니다. 한 푼이 아쉬운 타국 생활에서 단돈 9천 원이지만 지금 그에게는 꼭 필요한 돈일 터.

나는 지갑에서 천 원을 꺼내 그에게로 다가갔습니다.

"저…… 제가 도와드릴게요. 현금카드 줘보세요."

나는 그의 통장에 천 원을 입금하고 만 원을 만들어서 찾는 방식으로 그를 도왔습니다. 고맙다는 말을 여러 번 전하고서야 은행 문을 나서던 외국인 남자……. 그가 다시 나를 찾아온 건 시간이 얼마쯤 지난 뒤였습니다. 그는 내 앞에 빳빳한 천 원 짜리 한 장과 먹음직스런 빵 두 봉지를 내밀었습니다.

"별거 아닙니다. 정말 고마워서요……."

"아……."

환한 웃음까지 덤으로 얹어주어 흐린 하늘이 맑게 갠 듯 햇살 같은 사랑 한 줌을 느끼게 해준 몽골에서 온 외국인…….

나의 작은 관심이, 그의 따뜻한 마음이, 서로에게 듬직한 우산이 되어준 어느 비 오는 날의 한 장면이었습니다.

요구르트 선물

얼마 전, 우리 공장 사람들과 인연이 깊은 할머니의 병문안을 다녀왔습니다.

"할머니, 얼른 쾌차하세요. 폐지 많이 챙겨뒀어요."

입원하기 전까지만 해도 오전 10시가 되면 매일같이 공장에 방문하셨던 할머니…….

그러면 우리는 미리 모아둔 폐지를 챙겨드리곤 했습니다.

"매번 신경 써줘서 고맙습니다."

얼마 안 되는 양이지만 공장 사람들은 들고 가기 편하도록 끈으로 묶은 종이상자를 수레에 실어드렸고, 손이 많이 가는 것도, 일에 방해가 되는 것도 아닌데 할머니는 번번이 요구르트를 사오셨습니다.

"받아줘요, 안 그러면 내가 미안해서 못 와요. 정말 고마워서 그래요, 허허."

극구 요구르트를 내미는 그 마음을 차마 거절할 수가 없어 우리는 공장 일만큼이나 폐지 모으기에도 공을 들였습니다. 그런데 무슨 일인지, 며칠째 할머니의 발걸음이 뚝 끊겼습니다. 얼마 전까지만 해도 어디 아픈 데 없이 건강해 보이셨는데……. 노인 건강은 장담하는 게 아니라고 행여, 차가운

구들장에 언 몸을 눕히고 혼자 끙끙 앓고 계신 건 아닌지, 걱정이 이만저만이 아니었지요. 그렇게 여러 날이 지나고, 하루는 오전 10시 즈음 공장으로 한 아이가 찾아왔습니다.

"저, 아저씨……. 이거 저희 할머니께서 여기 갖다 드리라고 하셔서요……."

아이가 들고 온 것은 요구르트 한 봉지와 애타게 기다렸던 할머니의 소식이었습니다. 부모와 생이별한 어린 손자손녀를 거두면서 호호백발이 된 연세에 폐지를 모아 근근이 생활하고 계셨던 할머니……. 비가 오건 눈이 오건 하루도 거르지 않고 일하시더니, 비바람이 몰아치던 어느 날 결국 내리막길에서 우려

했던 사고를 당하신 것이지요. 병환 중에도 그동안 도와준 공장 사람들에게 도리가 아니라며 할머니가 손자에게 부탁하신 일은 당신 대신 요구르트를 전해 달라는 것이었습니다. 그 얘기를 듣고 할머니가 걱정돼 한달음에 병원으로 달려간 공장 사람들…….

　할머니의 요구르트 선물은 모두의 몸과 마음에 사랑의 힘을 불끈불끈 솟구치게 한, 최고의 보약이었던 것입니다.

배부른 나눔

가난을 견디며 살았던 1960년대……. 허름한 판잣집 단칸방에서 우리 부부는 신혼살림을 꾸렸습니다. 하지만 하루 한 끼 먹는 밥도 굶는 날이 잦아, 젖먹이에게는 견디기 힘든 시절이었습니다.

"애기한테 뭐라도 먹여야 하는데……."

배곯은 엄마가 내어줄 거라곤 말라붙은 빈 젖

  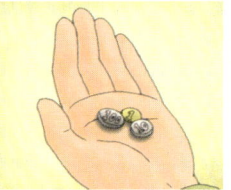

뿐……. 쌀독이 빈 지 오래된 터에 분유 살 돈이 어디 있으며 그렇다고 손 놓고 애만 볼 수도 없는 노릇이었습니다. 보리 섞인 정부미로 간신히 우는 아기를 어르고 나면 인형에 눈을 붙이는 소일거리에 매달려야 했습니다.

  그러던 어느 정오 무렵, 빈 부엌에서 인기척이 들려왔습니다. 찬장 그릇들이 부딪혀 달그락달그락 거리는 소리…….

  "엉? 부엌에 누구지?"

  그저 바람 소리는 아닐까? 혹시 도둑이면 어쩌나……. 나는 겁을 먹고 새가슴이 되어 부엌으로 난 방문을 열었습니다. 그런데 내가 본 것은 바람도 도둑도 아니었습니다.

함께한 날들이 소중합니다 · 265

"헉, 이웃집 여자잖아. 근데 우리 부엌에서 뭐하는 거지?"

내가 숨죽여 지켜보는 줄도 모르고 그녀는 남의 집 살림을 뒤졌고, 찬장 깊숙한 곳에서 분유통을 발견하자 슬그머니 제 앞으로 가져갔습니다. 그녀에게도 우리 애 또래만 한 쌍둥이가 있다지만, 그래도 '언니동생' 하는 사인데, 아무리 눈 뜨고 코 베어가는 세상이라도 남의 분유에 손을 대려고 하다니…….

화가 나 문을 박차고 나가려던 그때, 그녀의 손에서 시선이 멈췄습니다. 자기애들 분유를 덜어 우리 집 분유통에 담던 이웃집 여자……. 차마 그때는 물어볼 수 없었던 말을 며칠 뒤에야 묻고 그 연유를 듣게 됐습니다.

"친정어머니가 분유 한 통을 사주셨는데 언니 생각이 나서요. 언니도 분유 없다고 했잖아요. 마음 같아선 다 주고 싶은데…… 조금밖에 못 줬어요."

없이 사는 처지지만 '정' 하나만은 두둑했던 그 시절…….
나는 이웃집 여자에게 나누면 배가 되는 행복을 받았습니다.

가슴으로 낳은 아이들

3년 전, 남아메리카를 여행하고 돌아오는 비행기에서 나는 지도를 펼쳤습니다. 그러고는 어느 한곳에 동그라미를 그렸지요. 그곳은 아프리카…… 2년 뒤 내가 갈 곳!

그때 나이 스물여덟. 일에 파묻혀 허우적대는 내 스스로의 모습이 두려워지기 시작한 무렵이었습니다.

꼬박꼬박 나오는 월급에 매이지 않고 언제든 짐을

꾸려 아프리카로 떠나려면 확실한 계기가 필요했습니다.

"그래, 아프리카 아이를 후원하는 거야."

후원자가 되는 것이야말로 2년 뒤 아프리카로 떠날 수 있는 이유로 안성맞춤이었습니다. 그 아이를 보고 싶은 마음에서라도 어떻게든 노력을 기울이게 될 테니까요.

동기는 순수하지 않았지만, 그것만이 계획을 현실로 바꿔주는 방법이라 생각했습니다. 그렇게 해서 아프리카 말라위에 사는 여섯 살 아이, 카만가가 나의 아들이 되었습니다.

"내 아들 카만가, 곧 너를 만나러 갈게."

정성으로 편지를 보내면 카만가는 보고 싶다는 답장을 보내왔습니다. 아프리카에 대한 열망은 차츰 양아들을 향한 그리움으로 바뀌어갔지요.

어느덧 목표한 2년이 흘러

나는 주저 없이 아프리카로 떠나는 비행기에 몸을 실었습니다.

하지만 카만가를 만나기란 생각만큼 쉽지 않았습니다. 말라위의 구호단체와 연락이 끊기고 위험한 현지 상황까지 겹치면서 나는 아쉬운 대로 케냐로 이동해야 했습니다.

그때 케냐 고아원에서 만난 또 다른 아프리카 소년, 크고 까만 눈망울이 카만가와 닮은 누엔이라는 아이였습니다. 나는 누엔을 새로운 아들로 맞고 싶었지요.

"누엔, 너의 엄마가 되고 싶은데 허락해 주겠니?"

"아, 저 말고 우리 형을 도와주시면 안 될까요?"

모든 것이 부족한 그곳에서 내가 베푸는 호의에 욕심이 날 만

도 한데, 누엔은 자신에게 찾아온 기회를 한 치의 망설임도 없이 형에게 양보했습니다.

그렇게 해서 두 아들의 엄마가 된 나는 고작 3만원의 후원으로 아주 소중한 것을 배웠습니다. 나누는 사랑이란 빛과 소금처럼 인생에서 누릴 수 있는 귀한 마음이라는 것입니다.

아프리카를 떠나온 비행기에서 나는 다시 지도 위 어느 한곳

에 동그라미를 그렸습니다. 내가 가슴으로 낳은 아이들이 나고 자란 생명의 땅, 사랑의 고향. 그곳은 바로 아프리카입니다.

TV동화 행복한세상 10 원작 목록

1 마음으로 배우면 영원히 남습니다

다시 시작할 수 있는 용기
원작 | 〈다시 시작할 수 있는 용기를 준 당신에게 박수를〉(서울시 마포구 대흥동 방혜영 님 실화)
출전 | 쌍용양회 사외보 《여의주》 2009년 11월호
애니메이션 | 노미리(찬비)

사랑의 훈육
원작 | 〈엄한 아버지의 사랑의 훈육〉(작자미상)
애니메이션 | 박은정, 장승룡(솔구름미디어존)

아름다운 공연
원작 | 〈아름다운 공연〉(작자미상)
애니메이션 | 정지연(찬비)

머리빗 팔기
원작 | 〈스님에게 머리빗 팔기〉(작자미상)
애니메이션 | 김연주, 정재철, 조혜영(오후미디어)

인생을 망친 장본인
원작 | 〈인생을 망친 장본인〉(작자미상)
애니메이션 | 김진희, 이정헌(aniB105)

깨지지 않는 달걀
원작 | 〈깨지지 않는 달걀〉(작자미상)
애니메이션 | 원성덕(애니2000)

딸의 그림책
원작 | 〈아름이의 그림책〉(경기도 용인시 청덕동 정지은 님 실화)
애니메이션 | 안아영, 장희영, 김원영(아트플러스엠)

세상에서 가장 귀한 것은 사람
원작 | 〈세상에서 가장 귀한 것이 사람이다. 베풀며 살아라〉(서울시 영등포구 신길 2동 임미정 님 실화)
출전 | 월간 《샘터》 2010년 1월호
애니메이션 | 정지연(찬비)

야구공의 비밀
원작 | 〈상처의 비밀〉(작자미상)
애니메이션 | 류주연(물체주머니)

뒤바뀐 우열반
원작 | 〈뒤바뀐 우열반〉(서울시 영등포구 신길4동 이영무 님)
출전 | 《사랑밭 새벽편지》
애니메이션 | 박은정, 장승룡(솔구름미디어존)

가장 훌륭한 재봉사
원작 | 〈가장 훌륭한 재봉사〉(작자미상)
애니메이션 | 조연정, 정연현, 배철웅(핸드앤툴)

뜨거운 악수
원작 | 〈뜨거운 악수〉(작자미상)
애니메이션 | 김준석, 문신혜(아트플러스엠)

동전 한 닢의 축복
원작 | 〈동전 한 닢의 축복〉(작자미상)
애니메이션 | 이정헌(aniB105)

기분 좋은 날
원작 | 〈기분 좋은 날〉(인천광역시 부평구 삼산 2동 조효순 님 실화)
출전 | 교보생명 사보 《다솜이 친구》 2010년 4월호
애니메이션 | 류주연, 전규성(물체주머니)

보잘것없는 장점이라도
원작 | 〈보잘것없는 장점이라도〉(작자미상)
애니메이션 | 박지선(애니2000)

영원한 선생님
원작 | 〈요리하는 선생님〉(광주광역시 서구 농성동 송명용 님 실화)
애니메이션 | 김연주, 정재철(오후미디어)

2 따스한 그 손길을 기억합니다

나는 의사입니다
원작 | 〈정년퇴임 앞둔 국내 첫 장애인 보건소장 김세현 씨〉(광주광역시 북구 우산동 김세현 님 실화)
애니메이션 | 임창묵(찬비)

다리 짧은 곰돌이
원작 | 〈다리 짧은 곰돌이〉(인천광역시 부평구 부개 2동 권대환 님 실화)
애니메이션 | 정화영(오후미디어)

그분을 존경합니다
원작 | 〈존경할 수 있는 그분이 있어 행복합니다〉(서울시 구로구 오류동 권대일 님 실화)
출전 | 《사랑밭 새벽편지》
애니메이션 | 서양원(짜박)

우리 딸은 부부싸움 해결사
원작 | 〈부부싸움 하지 말라는 딸애의 깜짝 제안〉(제주도 제주시 외도 1동 양경만 씨 실화)
애니메이션 | 고경은, 강정현(애니2000)

행복을 주는 바이러스
원작 | 〈나는 바이러스야〉(충청남도 보령시 동대동 김상미 님 실화)
출전 | 월간 《샘터》 2010년 8월호
애니메이션 | 김소영(물체주머니)

아버지의 가르침
원작 | 〈아버지는 잘살아 오셨어요〉(경기도 수원시 권선구 구운동 홍경희 님 실화)
출전 | 월간 《삶과 꿈》 2010년 9월호
애니메이션 | 한세화(아트플러스엠)

목욕탕 데이트
원작 | 〈목욕탕 데이트〉(서울시 성북구 월곡 1동 김정아 님 실화)
출전 | 대상주식회사 사외보 《기분 좋은 만남》 2010년 3~4월호
애니메이션 | 김연주, 정재철, 조혜영(오후미디어)

함께하는 선생님
원작 | 〈굴욕감이 사랑으로〉(울산광역시 북구 매곡동 서분숙 님 실화)
출전 | 월간 《마음수련》 2010년 4월호
애니메이션 | 조경아(짜박)

사랑을 실은 트럭
원작 | 〈트럭의 스피커 소리〉(인천광역시 남동구 구월동 차지수 님 실화)
애니메이션 | 김정선, 김소영(찬비)

나는 대학졸업반
원작 | 〈나는 대학 졸업반〉(경기도 안양시 동안구 호계 2동 박현 님 실화)
출전 | CJ 《생활 속의 이야기》 2010년 5~6월호
애니메이션 | 노미리(찬비)

내 인생의 대대장님
원작 | 〈내 인생의 대대장님〉(인천광역시 연수구 송도동 김유선 님 실화)
애니메이션 | 차정연(아트플러스엠)

한글에서 한국을 배웁니다
원작 | 〈한글을 가르치는 것은 한국을 가르치는 것〉(서울시 광진구 화양동 정병용 님 실화)
애니메이션 | 김혜라, 허재선(아트플러스엠)

선생님의 처방약
원작 | 〈멘토가 되어주시는 아들의 선생님〉(광주광역시 서구 금호동 김자영 님 실화)
애니메이션 | 류주연, 전규성(물체주머니)

꼴찌에게도 희망은 있다
원작 | 〈꼴찌 학급이 꼴찌가 아닌 이유〉(경기도 과천시 별양동 이상희 님 실화)
애니메이션 | 류주연, 전규성(물체주머니)

아버지와 피아노
원작 | 〈아버지가 남겨주신 예비 피아노 공구 가방〉(부산광역시 수영구 남천동 김현준 님 실화)
출전 | 월간 《마음수련》 2010년 7월호
애니메이션 | 김삼채(짜박)

3 언제든 돌아갈 곳이 있어 행복합니다

속옷에 피어난 사랑
원작 | 〈부모님의 속옷〉(경기도 안산시 상록구 이동 이서연 님 실화)
애니메이션 | 김삼채(짜박)

이가 더 아팠으면 좋겠어요
원작 | 〈이가 더 아팠으면 좋겠어요〉(서울시 관악구 인헌동 신상언 님)
출전 | 월간 《낮은 울타리》 2009년 11월호
애니메이션 | 박은정, 이민주, 이예주(솔구름미디어존)

엄마의 첫 편지
원작 | 〈엄마가 쓰신 생애 첫 편지〉(전라북도 익산시 영등동 조혜정 님 실화)
출전 | 대한지적공사 사외보 《땅과 사람들》 2009년 12월호
애니메이션 | 노미리(찬비)

불효자의 효도
원작 | 〈부모 마음〉(광주광역시 남구 월산동 김자경 님 실화)
애니메이션 | 김삼채(짜박)

시어머니의 깊은 사랑
원작 | 〈외국인 며느리의 친정엄마 돼주신 우리 시어머니〉
(경상북도 봉화군 봉화읍 내성 4리 이노세요시미 님 실화)
출전 | 월간 《마음수련》 2009년 12월호
애니메이션 | 박은정, 장승룡(솔구름미디어존)

어머니의 손톱
원작 | 〈엄마도 쓸쓸해? 손톱 깎아줄게〉(전라북도 고창군 해리면 송산리 김수복 님 실화)
출전 | 오마이뉴스
애니메이션 | 정지연(찬비)

친구의 고백
원작 | 〈세차장 엄마〉(경기도 고양시 일산 동구 백석동 최현주 님 실화)
애니메이션 | 문신혜(아트플러스엠)

나누면 행복해요
원작 | 〈나누면 행복해요〉(방송작가 임지혜)
애니메이션 | 강희진, 이영기, 한아럼(아트플러스엠)

가족의 조건
원작 | 〈사랑은 조건이 필요 없습니다〉 (서울시 구로구 오류동 권태일 님 실화)
출전 | 《사랑밭 새벽편지》
애니메이션 | 서양원(짜박)

하늘로 보내는 선물
원작 | 〈하늘로 보내는 선물〉(경기도 화성시 안녕동 신재훈 님 실화)
애니메이션 | 김삼채(짜박)

마지막 선물
원작 | 〈할머니의 마지막 선물〉(서울시 관악구 봉천 6동 안아영 님 실화)
애니메이션 | 문신혜(아트플러스엠)

엄마의 마지막 옷
원작 | 〈엄마의 마지막 옷〉(서울시 서대문구 홍제 1동 최영희 님 실화)
애니메이션 | 손헌수, 정연현, 배철웅(핸드앤툴)

아버지와 밤나무
원작 | 〈아버지의 밤자루〉(경기도 고양시 일산 동구 백석동 최현주 님 실화)
애니메이션 | 임태용(찬비)

어머니의 양말
원작 | 〈어머니와 양말〉(방송작가 임지혜)
애니메이션 | 김연주, 정재철(오후미디어)

농사꾼 아들
원작 | 〈농사꾼 된 아들, 사시합격 엄친아 안 부럽다〉(전라남도 담양군 대덕면 성곡리 조명자 님 실화)
애니메이션 | 김국화(애니2000)

어머니는 여행 중
원작 | 〈어머니는 여행 중〉(방송작가 임지혜)
애니메이션 | 류주연, 전규성(물체주머니)

잊지 못할 편지
원작 | 〈잊지 못할 편지〉(경기도 부천시 원미구 원미 1동 주옥림 님 실화)
애니메이션 | 손현수, 정연현, 배철웅(핸드앤툴)

4 함께한 날들이 소중합니다

아름다운 여덟 손가락
원작 | 〈단점을 안아준 남편〉(경기도 부천시 원미구 원미 1동 주옥림 님 실화)
애니메이션 | 김혜경(오후미디어)

분수로 나눔을 배워요
원작 | 〈분수로 나누는 삶 공부〉(대구광역시 북구 동천동 김은영 님 실화)
애니메이션 | 최송희경, 유철균(aniB105)

사라진 호박죽
원작 | 〈사라진 호박죽〉(서울시 송파구 장지동 장미숙 님 실화)
애니메이션 | 김연주, 조혜영, 정재철(오후미디어)

휠체어 사랑
원작 | 〈캔 음료 따개〉(경기도 성남시 중원구 상대원동 곽동권 님 실화)
애니메이션 | 김삼채(짜박)

목욕탕에서 찾은 희망
원작 | 〈길 가다 실례한 할아버지〉(경상북도 포항시 북구 죽도 2동 김수일 님 실화)
출전 | 오마이뉴스
애니메이션 | 신동순(aniB105)

매생이 떡국
원작 | 〈주인집 아주머니의 매생이 떡국〉(광주광역시 서구 금호동 김자영 님 실화)
애니메이션 | 김연주, 정재철, 조혜영(오후미디어)

따뜻한 연탄 나르기
원작 | 〈마음까지 데워주는 연탄이었으면 좋겠어요〉(인천광역시 부평구 삼산 2동 조효순 님 실화)
출전 | 교보생명 사보 《다솜이 친구》 2010년 3월호
애니메이션 | 류주연, 전규성(물체주머니)

고마워요, 시골 인심
원작 | 〈고마워요 시골인심〉(서울시 성동구 성수동 1가 김주영 님 실화)
애니메이션 | 김주영, 연정주(aniB105)

고마운 젊은이
원작 | 〈고마운 젊은이〉(서울시 성북구 길음 1동 오세환 님 실화)
출전 | CJ 《생활 속의 이야기》 2010년 5~6월호
애니메이션 | 찬비

이웃집의 비명
원작 | 〈이웃집 남자〉(서울시 마포구 망원동 정은숙 님 실화)
출전 | 교보생명 사보 《다솜이친구》 2010년 8월호
애니메이션 | 원성덕(애니2000)

달려라 또순이 아줌마
원작 | 〈달려라 또순이 아줌마가 떴다〉(부산광역시 부산진구 개금 3동 배금향 님 실화)
출전 | 오운문화재단발행 《살맛나는 세상》 2010년 5~6월호
애니메이션 | 김희경(핸드앤툴)

비 오던 날의 미소
원작 | 〈비 오던 날의 미소〉(전라북도 전주시 완산구 삼천동 1가 정남우 님 실화)
출전 | 월간 《전원생활》 2010년 7월호
애니메이션 | 원성덕(애니2000)

요구르트 선물
원작 | 〈세상에서 가장 값진 요구르트 선물〉(서울시 중랑구 면목본동 이희원 님 실화)
애니메이션 | 신동순(아트플러스엠)

배부른 나눔
원작 | 〈따뜻한 나눔이 그립습니다〉(서울시 구로구 오류동 권태일 님 실화)
출전 | 《사랑밭 새벽편지》
애니메이션 | 차정연, 권바름, 이란경, 유철균(아트플러스엠)

가슴으로 낳은 아이들
원작 | 〈결혼도 안 했는데 아들이 둘이에요〉(서울시 종로구 가회동 박진희 님 실화)
출전 | 《오마이뉴스》
애니메이션 | 김연주, 정재철(오후미디어)

TV동화
행복한세상 · 10

1판 1쇄 발행 2011년 12월 5일
1판 5쇄 발행 2018년 7월 31일

기획·구성 박인식
펴낸이 김성구

단행본부 류현수 이은정 고혁
디자인 홍석훈 문인순
제　작 신태섭
마케팅 최윤호 송영호 유지혜
관　리 노신영

펴낸곳 ㈜샘터사
등　록 2001년 10월 15일 제1-2923호
주　소 서울시 종로구 창경궁로35길 26 2층 (03076)
전　화 02-763-8965(단행본부) 02-763-8966(마케팅부)
팩　스 02-3672-1873　**이메일** book@isamtoh.com　**홈페이지** www.isamtoh.com

ⓒ KBS 한국방송, 2011, Printed in Korea.

이 책은 저작권법에 따라 보호를 받는 저작물이므로 무단 전재와 복제를 금지하며,
이 책의 내용의 전부 또는 일부를 이용하려면 반드시 저작권자와 ㈜샘터사의 서면 동의를 받아야 합니다.

ISBN 978-89-464-1815-8　04810
ISBN 978-89-464-1794-6　04810(세트)

이 도서의 국립중앙도서관 출판시도서목록(CIP)은 서지정보유통지원시스템 홈페이지(http://seoji.nl.go.kr)와
국가자료공동목록시스템(http://www.nl.go.kr/kolisnet)에서 이용하실 수 있습니다.
(CIP제어번호:CIP2011005103)

값은 뒤표지에 있습니다.
잘못 만들어진 책은 구입처에서 교환해 드립니다.